Monika Sieberichs

Krisen?Geil!

Von der Bewältigung zur Gestaltung

Bibliografische Information der Deutschen Nationalbibliothek
Die Deutsche Nationalbibliothek verzeichnet diese Publikation in der Deutschen Nationalbibliografie; detaillierte bibliografische Daten sind im Internet über http://dnb.d-nb.de abrufbar.

Printed in the Federal Republic of Germany
Covergestaltung: 3pandasdesign
Lektorat, Korrektorat: Dr. Verena Reiter
Satz: Vera Pandolfi
Druck und Bindung: Books on Demand GmbH, Norderstedt
ISBN Taschenbuch: 978-3-9504671-0-9

Vorwort von Tobias Beck

Kennst du sie auch? Diese Menschen, die bereits resigniert zu haben scheinen? Männer und Frauen, die sich damit abgefunden haben, nicht das Sagen im eigenen Haus namens Leben zu haben? Deren inneres Licht erloschen scheint?

Auf der anderen Seite gibt es wieder Menschen, die das genaue Gegenteil ausstrahlen und so die guten Dinge im Leben anziehen, wie ein Magnet. Egal, was ihnen im Leben auch widerfahren ist, sie überwinden jede Hürde mit Bravour. Der Schlüssel liegt in ihrer Persönlichkeit und in der Art und Weise, wie sie mit Krisen jeglicher Art umgehen.

Solch eine Persönlichkeit ist Mo Sieberichs. Durch ihre außergewöhnliche Geschichte hat sich auch für mich vieles verändert. Ich habe über viele Dinge nachgedacht, neue Impulse und Referenzrahmen erhalten, die mein Wirken in ein völlig neues Licht stellten.

Eines meiner größten Anliegen in Trainings und Vorträgen ist es, Menschen mutiger zu machen und sie verstehen zu lassen, wie sie und ihre Umgebung eigentlich ticken. Ich zeige ihnen, wie sie auf Bühnen und in ihrem Leben das Maximum aus sich herausholen. Ich möchte sie gedanklich in Bewegung versetzen. Meine Teilnehmer und Teilnehmerinnen sollen den Superstar in sich zum Vorschein bringen, der durch verschiedene Erfahrungen im Leben vielleicht verschüttet ist. Gemeinsam können wir ihn wieder befreien und zu altem Glanze verhelfen. Dazu bedarf es Impulse und Vorbilder, die jedoch rar gesät sind.

Selten begegnen wir im Leben Menschen, die eine ganz außergewöhnliche Geschichte zu erzählen haben. Eine Geschichte, die uns packt, in den Bann zieht, wo wir mehr erfahren und lernen wollen. Mo hat einen absolut außergewöhnlichen Lebensweg hinter sich, der mich hat aufhorchen und reflektieren lassen. Wäre ich so mutig wie Mo? Bereit, einfach alles zu verändern, um meiner inneren Stimme gerecht zu werden?

Mos berührende Geschichte hat mich verstehen lassen, weshalb ich genau diesen Weg gegangen bin. Es gibt für mich nichts Schlimmeres als dass sich Menschen durch verschiedenste Lebenskrisen von ihrem Plan abbringen lassen, ihren inneren Superstar ertrinken lassen in einem Meer von Hoffnungslosigkeit. Es macht mich unendlich traurig, wenn ich Menschen sehe, die genau dies über sich ergehen lassen. Ihr persönlicher Superstar liegt vielleicht schon jahrzehntelang am Meeresboden. Es ist höchste Zeit, diesen Umstand zu verändern, selbst, wenn wir zum Tiefseetaucher mutieren müssen.

Mo zeigt in diesem Buch Wege, wie du Lebenskrisen nicht nur überstehen, sondern durch sie besser werden kannst. Ja, vielleicht sogar durch diese deinem Superstar zu neuem Glanze verhilfst. Krisen sind nichts Schönes, doch sie sind nützlich, wenn man weiß, wie mit ihnen umzugehen ist. Frische Ansätze, wie ich sie noch in keinem Buch gelesen habe, werden dir maßgeblich Unterstützung bieten.

In diesem Buch wirst du mit auf eine Reise genommen, die dich ganz tief berühren wird. Es geht um das Sprengen von Ketten und Konventionen. Sauge dieses Buch auf und lasse dir Kraft geben, deinen persönlichen Weg zu gehen. So mutig und mit erhobenem Haupt wie Mo.

*W*enn auch Du den Superstar in Dir entdecken willst, komm doch auf unserer Masterclass Of Personality vorbei, dort hat auch Mo den entscheidenden Anstoß bekommen, ihre Geschichte auf Papier zu bringen.

Tobias Beck

www.tobias-beck.com

Vorwort von Michael Jagersbacher

Als ich von diesem Buchprojekt erfahren habe, war ich Feuer und Flamme für das Thema. Ich bin der festen Überzeugung, dass die Fähigkeit, mit Krisen umzugehen, ein elementarer Bestandteil einer „mutigen Gesellschaft" ist. Unser Ziel mit der Mutmacher-Media ist es schlussendlich, den Mut nachhaltig in unserer Gesellschaft zu verankern. Und genau dies können wir mit vorliegendem Werk ein Stück weit vorantreiben.

Mo Sieberichs hat zu diesem Thema wirklich spannende Dinge zu erzählen, die Ihnen dabei helfen werden, eine neue Perspektive auf Ihre eigenen Krisen zu werfen. Schlussendlich unterscheiden oft nur Kleinigkeiten zwischen Sieg und Niederlage, zwischen Weiterentwicklung und Stillstand. Diese Kleinigkeiten, die sich im Moment des Erleidens einer Krise womöglich riesengroß anfühlen, gilt es zu entdecken, zu fördern und zu kultivieren. Das vorliegende Buch hilft maßgeblich bei diesen Prozessen.

Vor allem bietet es frische, bisher zu wenig beachtete Perspektiven in der modernen Resilienzliteratur. Das vorliegende Werk unterscheidet sich auch maßgeblich von einer oberflächlichen Optimismus-Kultur, nach welcher jede Krise mit Freuden zu empfangen sei. Eine Krise jedoch ist nichts Schönes oder Wünschenswertes, während sie stattfindet. Das könnten wir uns zwar einreden, bringen würde es jedoch nichts. Erst in der Aufarbeitung erfahren die meisten schwierigen

Phasen unseres Lebens Sinn. Um genau an diesen Punkt zu gelangen, halten Sie das Buch in Händen.

Der lange Leidensweg von Mo Sieberichs und ihre professionelle Auseinandersetzung mit dem Thema Resilienz und Motivation machen sie zur perfekten Begleiterin in Phasen, wo persönlicher Stillstand oder gar Rückschritt drohen.

Ich wünsche Ihnen beim Lesen der Seiten viel Vergnügen und Erkenntnisse, die Ihnen dabei helfen, krisensicherer zu werden. Im Idealfall lassen Sie sich von ihnen sogar tragen und weiterentwickeln. In diesem Sinne – mögen die Krisen beginnen...uns jedoch nicht kleinkriegen...

Ihr Michael Jagersbacher

Verleger und S.m.a.r.t.-Seller-Autor

www.michael-jagersbacher.at

Inhalt

Krisenbeginn

Krisen? Geil! Der Titel dieses Buches scheint provokant und mehrdeutig. Das soll er auch sein, schließlich ist eine Krise genau das. Sie provoziert, ist vielschichtig und verlangt uns oft das Letzte ab. Manchmal sogar weitaus mehr.

Erschwerend kommt hinzu, dass Lebenskrisen unerwartet eintreten und uns dann mit voller Wucht treffen. Mein Buchtitel soll genau diese Mischung an Emotionen hervorrufen, welche auch verschiedene Krisen, verschiedener Intensität hervorrufen. Genau mit diesem Sturm an Emotionen musst auch du klarkommen, wenn das Leben Außergewöhnliches von dir verlangt. Ich hoffe, dir ist es recht, wenn ich die Du-Form verwende. Ich bin mir sicher, dass das Thema Lebenskrise etwas höchst Persönliches und Individuelles ist, welches eine Kommunikation auf Augenhöhe voraussetzt.

Doch eines ist auch klar - die Vorbereitung auf einen Sturm geschieht nicht mitten im Sturm, sondern davor. Ich nehme hier bereits die Einwände vorweg, dass ich unnötig Krisen heraufbeschwöre, wo gar keine sind. Auch möchte ich Menschen gut zureden, die meinen, dass das Beschäftigen mit Krisensituationen überflüssig sei. Dies ist nicht der Fall! Auf einen Marathon musst du dich auch vorbereiten.

Dies geschieht natürlich nicht während du die Marathonkilometer abspulst, sondern schon Monate vorher. Du stellst deine Ernährung um, du beginnst mit kleinen Einheiten, du verbesserst deine Kondition Stück für Stück. Sehr ähnlich ist es mit deinen „Ressourcen“, wenn es um Krisenbewältigung geht.

Ich habe in meinem Leben schon etliche Krisen meistern „dürfen“. Weshalb schreibe ich eigentlich „dürfen“? Weil ich eine sehr spezielle Ansicht zu Krisenprozessen habe. Sie haben mich erst zu dem Menschen werden lassen, der jetzt an der Tastatur sitzt und dir diese Zeilen schreibt.

Ich mag folgendes Sprichwort: „Ich lächle, wenn es regnet! Denn, wenn ich nicht lächle, regnet es auch!“

Es geht mir an dieser Stelle nicht darum, irgendetwas zu beschönigen. Krisen sind nicht schön und sie haben es auch nicht verdient, beschönigt zu werden. Jedoch haben sie es auch nicht verdient, größer gemacht zu werden, als sie sind.

Ich kann mich beklagen, dass es regnet, dass ich nicht die richtigen Sachen anhabe oder dass der Wetterbericht völlig falsch lag - doch ändern wird dies die Tatsache in keiner Weise, dass es eben regnet.

Wie sagt man in der Persönlichkeitsentwicklung so schön? „Love it, leave it or change it!“. Leichter gesagt als getan, deshalb hältst du auch dieses Buch in Händen. Ich zeige dir, welche Ressourcen und Kriterien wirklich wichtig sind, um einer Krise Aug in Aug gegenüber zu treten und sie bewusst zu durchleben. Noch besser: Wenn du sagst: „Krise?!? Geil!“ - weil du weißt, dass du von ihr, im Idealfall, nachhaltig profitieren kannst.

In den Momenten, in welchen wir an unsere persönlichen Grenzen gelangen, scheint jedoch selten die Sonne. Entscheidend ist, dass wir entscheiden und handeln, als würde die Sonne kurz vorm Aufgehen sein.

Aus den USA gibt es folgendes Sprichwort dazu, welches mir oftmals Trost gespendet hat:

Wenn die Nacht am dunkelsten, ist die Dämmerung am nächsten.

Wie kam es zu diesem Buch?

Tatsächlich hatte ich die erste Idee für dieses Buch inmitten einer schweren Krise, wenn auch nicht meiner persönlichen. Ich befand mich im Sommer 2017 auf einer Veranstaltung des weltberühmten Motivationsredners und -coaches, Les Brown, in San Antonio. Mehr als ein halbes Jahr lang freute ich mich auf dieses Event. Genau zu dieser Zeit wütete der Hurricane „Harvey“ in den USA und hinterließ Schäden von über 125 Milliarden Dollar. Eigentlich war die Veranstaltung mit knapp 200 Teilnehmern ausverkauft. Doch aufgrund des Sturmes konnten nur 15 Personen tatsächlich zur Veranstaltung erscheinen. Diese geringe Anzahl an

Menschen veränderte natürlich das Setting der Veranstaltung völlig. Niemals hätte ich gedacht, so eng und individuell mit Les Brown zusammenarbeiten zu können. Der Austausch, auch mit den anderen Teilnehmern, war sehr intensiv und erweiterten meinen Horizont nachhaltig. In diesen Sitzungen habe ich die Entscheidung getroffen, ein Buch über den produktiven Umgang mit Krisen zu verfassen.

Doch, wie so oft im Leben, verebbte die Motivation, dies zu tun und allein der Gedanke an ein eigenes Buch versetzte mich in eine Krise. Folgende Fragen begann ich mir zu stellen:

- Wer wird dieses Buch schon lesen?
- Weshalb soll ausgerechnet ich ein Buch schreiben?
- Wer wird es verlegen?
- Kann ich überhaupt ein Buch füllen?
- Wer kann mich professionell beraten?

Kennst du auch diese Art von Selbsterniedrigung? Natürlich habe ich keine Antwort auf all diese Fragen gefunden. Dazu sind sie schlussendlich gar nicht gemacht. Das ist ja das Heimtückische an ihnen. Sie sind einfach nur dazu da, dich selbst zu verunsichern und dich von deinem Vorhaben abzuhalten. Sonst haben sie überhaupt keinen Sinn.

Tatsächlich dauerte es bis zur Masterclass of Personality von Tobias Beck, bis ich die endgültige Entscheidung für mich traf. Tobias war mir eine große Hilfe und wie du siehst, habe ich Antworten auf alle meine Fragen auch bekommen.

Es geht im vorliegenden Buch nicht darum, Krisen auszuweichen. Im Gegenteil. Richtigen Krisen kann man nicht ausweichen. Zumindest nicht für lange Zeit. Krisen können nicht lange unter den Teppich gekehrt werden. Ich selbst habe dies erfolglos versucht. Glaube mir! Ab einem gewissen Punkt ist der Teppich einfach zu klein für die Krisen, die er überdecken soll. Vielleicht kennst du das ja auch aus deinem Leben?

Das Buch, welches du in Händen hältst, beschäftigt sich mit vielen Facetten von Krisen. Es behandelt kleine und große Krisen und es möchte dich dazu befähigen, mit den Krisen zu wachsen. Ich werde dir mehrere klassische Konzepte vorstellen, die du kennen solltest, wenn es um das Thema Krisenbewältigung geht. Zusätzlich ergänze ich diese Ausführungen mit eigenen Modellen, welche ich in der Arbeit mit meinen Coachingklienten entwickelt habe und welche sich in der Praxis nachhaltig bewährt haben. Vor allem jedoch möchte ich dich mit diesem Buch dazu befähigen, eigene Wege zu entwickeln, um an Krisen nicht mehr zu verzweifeln, sondern gestärkt aus ihnen hervorzugehen. Wenn ich es schaffe, deine Perspektive zu verschiedenen Krisensituationen in deinem Leben zu verändern, dann habe ich mein Ziel erreicht. Wenn man es so sehen will, möchte ich dich krisenfit machen. Wir hoffen das Beste und bereiten uns aufs Schlimmste vor.

An dieser Stelle möchte ich jedoch betonen, dass du auf gar keinen Fall ein „Einzelkämpfer“ bist. Eine unnachahmliche Stärke von „Stehaufmännchen“ ist das Suchen von Mitstreitern. Wenn du deine Ängste und Sorgen teilst, hilft das dabei, Ressourcen zu aktivieren. Menschen, die sehr verschlossen sind und selbst mit ihren Problemen klarkommen möchten, tun sich weitaus schwerer in der Bearbeitung von Krisen.

Wenn du jedoch merkst, dass deine Ressourcen und die Ressourcen deines näheren Umfeldes nicht ausreichen, um die Krise zu meistern, dann suche dir bitte professionelle Hilfe. Das professionelle Begleiten kann in Form von Coaches, Trainern, Psychologen oder Mediatoren erfolgen. Manchmal bedarf es den professionellen Blick von außen, um Veränderungen umzusetzen. Die Bereitschaft, Hilfe zu suchen - in welcher Form auch immer - ist sogar eine der wichtigsten Eigenschaften, um Krisen zu mei-stern, wie du noch sehen wirst und stellt somit deine Stärke und keine Schwäche dar. Wenn du glaubst, dass ich die richtige Ansprechperson für deine Anliegen bin, dann melde dich gerne bei mir per Mail:

ms@mo-tivation.com

So, nun genug der Einleitung, gehen wir mitten ins Geschehen!

Krisensitzung mit dir selbst

Was fällt dir spontan ein, wenn du das Wort „Krise" hörst? Lass dir Zeit! Was empfindest Du? Welche Gefühle machen sich in dir breit? Welche Episoden deines Lebens ziehen an deinem inneren Auge vorüber? Mach dir ruhig ein paar Notizen zu diesen Fragen:

....

....

....

....

....

Deine persönlichen Grundannahmen in Verbindung mit diesem Themenkomplex haben eine große Auswirkung auf deinen individuellen Umgang mit Krisen.

Wenn du Angst empfindest beim Aufflackern von krisenhaften Elementen in deinem Leben, dann wirst du anders damit umgehen, als jemand, der Krisen als festen Bestandteil seines Lebens interpretiert. Natürlich wirst du auch anders empfinden, als jemand, der Krisen als positives Element deutet.

Egal, wie du zum Thema Krise stehst, wir alle müssen uns damit auseinandersetzen.

So etwas wie ein krisenloses Leben gibt es nicht. Social Media spielt uns eine heile Welt vor. Es gibt kaum einen digitalen Kontakt, der auch etwas über die negativen Aspekte des eigenen Lebens berichtet, geschweige denn über eine lang andauernde Krise. Social Media Profile gleichen eher Hochglanzbroschüren, die mit der Wirklichkeit wenig zu tun haben. Sie bieten einen falschen Referenzrahmen. Falsch deshalb, weil du dich ständig fragst, weshalb die anderen ein so glückliches Leben leben und du so ein mittelmäßiges. Genau dies ist der Nährboden für eine tiefe Sinnkrise.

Egal, wie toll auch der Facebook oder Instagram-Account deiner Freunde aussieht, wie glücklich, wie reich sich die Menschen darin auch darstellen, in der realen Welt ist dies nicht immer der Fall.

Der deutsche Filmemacher Roland Gernstl hat dazu einmal seine 665 Facebook-Freunde besucht. Er wollte sehen, ob es ihnen wirklich so gut geht, wie auf den sozialen Medien verbreitet. Gernstl machte sich auf die Suche, weil er mit Anfang 30 in einer Sinnkrise steckte. Die Erkenntnisse seiner Reise sind durchaus sehenswert. Ein kleines Fazit von mir: Du bist mit deinen persönlichen Krisen nicht so allein, wie es scheint.

Wie oft hast du schon den Wunsch geäußert, in den Schuhen von jemand anderes zu stecken? Deine Sorgen gegen andere einzutauschen? Dem Gegenüber scheint es ja so viel besser zu gehen.

Hier eine schöne Metapher aus Indien dazu:

Es stand einmal in einem Dorf ein uralter, starker Baum. Eines Tages wurden alle Dorfbewohner eingeladen, ihre Sorgen, Probleme und Nöte gut verpackt an diesen Baum zu hängen. Die Bedingung dafür, dass man das eigene Paket aufhängen durfte, war allerdings, dafür ein anderes Paket mitzunehmen.

Zuhause wurden die fremden Pakete geöffnet. Doch es machte sich Bestürzung breit, denn die Sorgen und Probleme der anderen schienen deutlich größer als die eigenen!

Und so liefen alle wieder zu dem alten Baum und nahmen statt der fremden schnell die eigenen Pakete an sich und gingen zufrieden nach Hause.

Auch ich beobachte es in meinem Umfeld immer wieder. Besonders in Erinnerung geblieben ist mir dabei ein befreundetes Ehepaar, welches ihr Eheleben wirklich exzessiv auf den sozialen Medien teilte. Natürlich war immer alles eitel Wonne und Sonnenschein. Nie wurde über einen Streit, geschweige denn über eine Krise gepostet. Nur schöne Urlaubsfotos und glückliche Familienfotos wurden gezeigt. Ich freute mich natürlich mit ihnen. Nach einiger Zeit jedoch fiel mir auf, dass sie rein gar nichts mehr posteten. Ich musste mit Erschrecken feststellen, dass sie sich scheiden hatten lassen. Es war circa ein viertel Jahr nach den letzten Bildern ...

Augenscheinlich benutzen wir diese sozialen Plattformen, um uns selbst in ein gutes Licht zu rücken. Ich nehme mich dabei gar nicht aus, ich poste auch lieber erfreuliche Momente und teile sie mit meinem Netzwerk. Wir möchten für die guten Seiten in unserem Leben Aufmerksamkeit und Lob. Vielleicht sollten wir aber über unsere Posting-Gewohnheiten nachdenken, denn schließlich erzeugen sie eine Realität in den Köpfen derjenigen, die die Dinge lesen. Ehrlichkeit beinhaltet nämlich immer auch die weniger schönen Aspekte unseres Lebens, doch diese machen verletzlich.

> ***„Krisenfit bist du vor allem dann, wenn du Verletzlichkeit ertragen kannst."***

Durch diese Positiv-Postings werden Krisen ein Stück weit „ausgegliedert" aus unserem Leben. Die Konzentration auf das Schöne und Gute scheint uns abzulenken. Krisen werden unter den Teppich gekehrt. Ich brauche wohl nicht zu erwähnen, dass eine produktive und professionelle Krisenbewältigung anders aussieht.

Vielleicht gehörst du ja selbst auch noch zu der Generation, die diesen Satz von den Eltern des Öfteren gehört hat:

„Kind, was sollen nur unsere Nachbarn denken?" Der Fokus wird sehr stark auf das Umfeld gelegt, weg vom eigentlichen Krisenherd.

Neben einem meiner Läden gab es einen Juwelier, einen wirklich gutaussehender Typ. Er hatte ein tolles Auto, die teuersten Anzüge und es ging ihm wirklich gut. So beschloss er, ein weiteres Geschäft in der teuersten und nobelsten Straße zu eröffnen. Er bekam viel Anerkennung von seinem Umfeld, weil Menschen, die in dieser Straße Geschäfte eröffneten, hatten es beruflich wirklich geschafft.

Er war auch der Typ Mensch, der diese Anerkennung genoss und nach außen zeigte. Luxusgeschäftslagen haben jedoch auch Luxusmietpreise und als es mal nicht so gut lief, überrannten ihn die Kosten. Aber anstatt sich damit zu beschäftigen, das Problem zu beheben, legte er seinen ganzen Fokus darauf, dass niemand seine finanzielle Schieflage bemerkte.

Er trieb es so weit, dass er aus Verzweiflung eine Bank ausraubte. Unglaublich, wie weit es kommen kann, wenn man keine Handlungsoptionen mehr für sich erkennt. Das wirklich Interessante daran war, dass es in der Gerichtsverhandlung gar nicht darum ging, ob er es getan hatte oder nicht. Er gestand Tat ohne Ausflüchte. Sein Anwalt versuchte, dass er seine Strafe als Freigänger absitzen konnte. Dazu benötigte er natürlich eine Jobzusage.

Gleich mehrere Freunde erklärten vor Gericht, dass sie ihn einstellen würden. Und der Staatsanwalt kommentierte das mit den Worten:

„Er hat offensichtlich gute Freunde“.

Mein Kommentar dazu: Hätte er sie nur früher angesprochen.

Was lernen wir von diesem Beispiel? Wir lernen, dass es wenig Sinn macht, sich auf das eigene Wirken nach außen zu konzentrieren. Auch der schönste Apfel kann ein braunes Inneres aufweisen. Widme dich lieber dem tatsächlichen Problem mit offenen Augen und gib nichts darauf, was andere von dir denken. Schlussendlich ist es dein Leben und deine Entscheidungen, die es gestalten. Es ist deine Krise, mit der du dich befassen darfst und musst, wenn du mit und an ihr wachsen möchtest.

Wann ist eine Krise überhaupt eine Krise?

Krisen scheinen in unserem Leben allgegenwärtig. Krisen im Alltag, Krisen im Berufsleben, die täglichen Krisen mit sich selbst und seiner Umgebung. Das Wort bietet allerlei Interpretationsspielraum, da es nicht einheitlich verwendet wird. Die einen sehen eine Krise, wo andere Menschen lediglich eine Herausforderung sehen.

Spricht man doch von „Midlife-Crisis“, ohne genau zu wissen, was damit gemeint ist. Die Medien tun ihr Übriges, um den Begriff vollends undefinierbar zu machen. Klar, Headlines mit dem Wort „Krise“ verkaufen sich einfach besser als gute Nachrichten. Da wird aus jeder schweren Phase eines Unternehmens oder eines Menschen, die schwerste Krise aller Zeiten gemacht. Wie oft hast du in den letzten Jahren das Wort „Wirtschaftskrise“ gehört oder gelesen? Ich bin mittlerweile diesbezüglich total abgestumpft. Dieses häufige und falsche Verwenden des Begriffes führt dazu, dass er völlig missinterpretiert wird.

Sehen wir uns einmal an, was das Wort tatsächlich bedeutet und woher es stammt. Das Wort „Krise“ stammt aus dem Griechischen „krísis“ und bedeutet eigentlich Meinung, Beurteilung oder Entscheidung. Erst im Laufe der Zeit hat das Wort eine negativere Wendung erhalten. Genau um diese Wendepunkte geht es auch. Ursprünglich bezeichnete das Wort einen Wendepunkt (= eine Entscheidung). Das Problemhafte an solchen Entscheidungsprozessen hielt erst wesentlich später Einzug in den alltäglichen Sprachgebrauch.

Genau diese problemhafte Besetzung des Wortes „Krise“ ist der Grund dafür, dass sich viele Menschen nicht damit auseinandersetzen möchten. Dabei hat der Begriff etwas Ambivalentes. Einerseits faszinieren uns solche Themen - wenn sie anderen Menschen zustoßen -, auf der anderen Seite wollen wir sie selbst in jedem Fall vermeiden. Lieber verschließen wir die Augen und möchten „schönen“ und „angenehmen“ Dingen in unserem Leben nachgehen. Wer kann uns das schon verdenken? Überlege selbst – wenn du die Wahl hättest, was würdest du bevorzugen? Sich den täglichen Krisen zu widmen, oder die Krisen Krisen sein lassen und ein unbeschwertes Leben zu leben?

Ich habe auch schon andere Menschen erlebt. Menschen, die sich in Krisen „suhlen“. Sie seien die Ärmsten, die Bedürftigsten, diejenigen, denen das Schicksal besonders hart zugesetzt hat. Diese Mitleidsmasche kann sogar eine Zeit lang funktionieren, jedoch, um welchen Preis? Vielleicht erhält man kurzfristig Aufmerksamkeit, doch die jeweiligen Probleme lösen sich nicht, wenn wir sie künstlich vergrößern. Im Gegenteil.

Die Anatomie der Krise

*W*ir alle haben große und kleine Krisen in unserem Leben zu meistern gehabt. Wir sind Krisenbewältiger allererster Güte. Nur scheinen wir dies im Laufe des Lebens zu vergessen beziehungsweise werden die Krisen größer.

Mit drei Jahren ist es noch eine Krise, wenn man die Milchpackung nicht selbst aufbekommt. Mit 13 hat man die erste Liebeskrise zu meistern und mit 30 durchschreitet man vielleicht Identitäts- oder Sinnkrisen. Hinzu kommen allerlei Existenzkrisen, welche sich innerhalb kürzester Zeit entladen können. Kurzum – das Krisenhafte scheint eine Konstante in unserem Leben zu sein, mit welcher wir einfach rechnen müssen, weil sie zum Leben dazugehört.

Dennoch hat die Wissenschaft typische Phasen identifiziert, die jeder von uns durchmacht. Individualität in der Qualität der Erlebnisse widerspricht nicht einem Muster des Ablaufes.

Die individuelle Wahrnehmung, die eigenen Glaubenssätze und Handlungsmuster, machen jede dieser typischen Phasen so individuell. Frauen belächeln oftmals Männer, die an einem Schnupfen, dem sogenannten „Männerschnupfen“, laborieren. Es gibt sogar eine Werbung von Nasivin, welche sich über den erkälteten Mann lustig macht[1]. Über 1,6 Millionen Aufrufe konnte das Video, welches das männliche Leiden übertreibt, erreichen. Mittlerweile weiß man jedoch, dass Männer tatsächlich stärker bei Erkrankungen leiden als Frauen[2].

Dies wiederum hat mit den Unterschieden des Immunsystems von Frauen und Männern zu tun. Fürsorge ist hier die beste Medizin. Dies gilt für Frauen und Männer in gleichem Maße. Gute Fürsorge ist aber nur möglich, wenn das Leid des Gegenübers ernstgenommen wird.

Was beim Männerschnupfen noch eher harmlos ist, kann in anderen Bereichen sogar bis in den Tod führen. Als Teenie bricht eine Welt zusammen, wenn sich eine Boy-Band trennt. Das kann man belächeln, würde ich jedoch nicht machen. In dem Moment ist die Krise bei den Teenies so groß, wie bei uns schwere Lebenskrisen. Nur, weil wir dem Ereignis eine andere Bedeutung geben, heißt es nicht, dass es nicht ernst zu nehmen wäre. Wir wollen schließlich in unserem Leiden auch ernst genommen werden.

Welche Auswirkungen solche Teenie-Krisen haben können, hat man bei der Trennung der britischen Boy-Band Take That (1996) gesehen. Die Jugendzeitschrift Bravo hat eine Hotline für enttäuschte Fans eingerichtet. Die Telefonisten berichten von Dutzenden Suizidankündigungen. Tatsächlich sollen sich mehrere bestürzte Fans das Leben genommen haben, aufgrund der Nachricht der Trennung[3]. Bis zu sieben Suizidhandlungen hat es 2009, nach dem Bekanntwerden des Todes von Popstar Michael Jackson gegeben[4]. Ich könnte diese Liste endlos weiterführen. Es beweist, dass wir von unseren Emotionen beherrscht werden und diese Beherrschung fatale Auswirkungen haben kann.

Ich bin der festen Überzeugung, dass Empathie Leben retten kann.

Wir wissen niemals, wie es genau in unserem Gegenüber aussieht. Deshalb nehme ich meine Klienten sehr ernst in dem, was sie bewegt oder bedroht, selbst wenn ich die Situation - noch - nicht nachvollziehen kann.

Wie bereits betont, gibt es keine „Anatomie" einer Krise, durch die ich weiß, welche Bedingungen, welche Folgen nach sich ziehen. Was es jedoch gibt, sind typische Phasen von Krisen. Cullberg (1978) hat derer vier gefunden:

1. Schockphase - in dieser Phase wird die Realität verleugnet und am Ist-Zustand festgehalten.

Je länger diese Phase anhält - wir erinnern uns an die Metapher mit dem „unter den Teppich kehren", desto größer wird auch das Problem, welches die Krise auslöst. Je schneller du es schaffst, aus dieser Schockstarre zu entfliehen, desto schneller kannst du produktiv mit der Bearbeitung der Krise beginnen.

Wenn eine Gazelle durch den Angriff eines Löwen in die Schockstarre fällt, sind ihre Überlebenschancen äußerst gering.

2. *Reaktionsphase* - an dieser Stelle wirst du zum ersten Mal aktiv. Aktiv zu werden bedeutet jedoch nicht, dass du auch produktiv mit deiner Krise umgehst. In dieser Phase wird sich den schmerzlichen Tatsachen zwar gestellt, jedoch mit Verleugnung, Verdrängung oder anderen Abwehrmechanismen reagiert. Sogar das Ausbilden von Süchten oder Krankheiten stellt hier eine Gefahr dar.

3. *Bearbeitungsphase* - erst an diesem Punkt wird an den Ursachen der Krise gearbeitet. Alte Verhaltens- und Glaubensmuster werden hinterfragt. Nach der Überwindung der ersten beiden Phasen kommt hier erstmal eine produktive Bearbeitung zum Zuge.

4. *Neuorientierungsphase* - hier beginnt das Gestalterische. Nach der Überwindung der Krise, müssen neue Muster und neue Ziele etabliert werden.

Füllen wir dieses Modell mit Inhalten. Wenn sich der Ehepartner vom anderen trennt, durchläuft man ebenfalls diese Phasen. Zuerst ist man paralysiert und zu keiner adäquaten Reaktion fähig. Nach dieser Phase kommt die Verleugnungs- und Verneinungsphase. Vielleicht versucht der eine den anderen wieder ins „Eheboot" zu holen. Die Entscheidung des Gegenübers wird nicht akzeptiert und alles unternommen, um doch noch zum Einlenken zu bewegen. Nach Scheitern der eigenen Aktivitäten, um den anderen vom Gegenteil zu überzeugen, wird die Situation ein Stück weit akzeptiert. Sie wird als Tatsache anerkannt. Jetzt ist die Krise angekommen und es entscheidet sich hier, ob produktiv weitergearbeitet wird oder nicht. Manche ertränken ihre Schmerzen im Alkohol, doch dass dies nicht der Weisheit letzter Schluss ist, brauche ich wohl nicht extra zu betonen.

Wir alle durchlaufen bei krisenbehafteten Situationen diese Phasen. Was sich unterscheidet, ist die individuelle Verweildauer in den einzelnen Phasen und die Art und Weise, welche Handlungen wir setzen.

Es ist eine tolle Kompetenz, wenn du es sehr schnell schaffst, ins produktive und gestalterische Arbeiten zu kommen.

Wenn du dies nicht aus eigener Kraft schaffst, wäre es gut, wenn du dir - professionelle - Hilfe holst.

In der Krisenachterbahn

Wenn du das Wort: „Achterbahn“ hörst, dann löst das hoffentlich aufgeregte und gute Gefühle aus. Jedes Mal, wenn ich frage, ob die Menschen in meinen Seminaren sich an ihre erste Achterbahnfahrt erinnern können, bejahen sie das in den allermeisten Fällen. Grund dafür sind die starken Emotionen, die in dieser Situation auftreten. Diese ziehen eine „Schneise“ in unser Hirn. Es ist so ähnlich - nur in die andere Gefühlsrichtung - wenn ich sie nach dem Aufenthaltsort während der Angriffe auf das World Trade Center 2001 frage. 99% meiner Teilnehmer wissen die exakte Antwort auf meine Frage.

Emotionen spielen eine entscheidende Rolle in der Verarbeitung unserer Sinneseindrücke.

Das Sinnbild der Achterbahnfahrt haben die Psychologen Hurst und Shepard genutzt, um unser Gefühlschaos in einer Krise zu beschreiben

Interessanterweise sind diese Phasen für sämtliche Traumata typisch: ob es sich um Liebeskummer, den Verlust eines Angehörigen oder die Kündigung durch den Arbeitgeber handelt - der Gefühlsprozess scheint immer in ähnlichen Bahnen zu verlaufen.

Das Wissen um diese immer wiederkehrenden Phasen macht die Krise auf gar keinen Fall vergessen, doch es hilft dabei, Auswirkungen abzufedern. Das Modell hilft dabei, die Metaphase einzunehmen und eventuell auf die Bedingungen anders zu reagieren. Das hilft nicht nur uns selbst, sondern kann auch für unser Umfeld Gold wert sein, schließlich kannst du von einem ganz anderen Standpunkt aus agieren in der Kommunikation und passendere Hilfestellungen unterbreiten.

Joe B. Hurst und John W. Shepard haben das Roller-Coaster-Modell schon 1986 erforscht. Es beinhaltet 7 Phasen, welche teilweise in Unterkategorien eingeteilt werden können. So sieht das Modell aus:

1. Vorahnung

Jede Krise beginnt an dem Punkt, wo die Krise ins Bewusstsein des Betroffenen aufsteigt. Die daraus folgenden Ängste können begründeter Natur sein oder rein fiktional. Das spielt jedoch kaum eine Rolle in der Wahrnehmung. Der Betroffene beschäftigt sich mit einer Krise und spielt verschiedene Krisenszenarien durch.

Es wird so getan, als ob eine Trennung vollzogen wird und dann werden die Konsequenzen (emotional, finanziell, etc.) analysiert.

2. Schock

Auch, wenn die verschiedenen Szenarien noch so gut und oft durchgespielt wurden, eine Fiktion bleibt eine Fiktion, die selten etwas mit der Realität gemein hat. Das Schlimmste ist passiert, die Enttäuschung groß. Unmittelbar danach setzen erst einmal ein Schock und ein Realisierungsprozess ein.

3a. Trauer

Der Betroffene nimmt sich Raum und Zeit für den Trauerprozess. Dies ist ein entscheidender Bestandteil der Krisengestaltung, da es nur so zu einem Neustart kommen kann. Schließlich hat das Einsetzen einer Krise auch Vorteile: Ungewissheit wird vom Tisch gewischt und die neuen Ausgangsbedingungen festgesetzt.

3b. Anstrengung

An diesem Punkt endet üblicherweise der Blick in die Vergangenheit und Raum für die Zukunft wird geschaffen. Neue Pläne können hier ihren Anfang nehmen: Wie geht es weiter? Was ist zu tun?

Im Falle eines Jobverlustes werden die Bewerbungsunterlagen zur Hand genommen und aktualisiert. Der Arbeitsmarkt wird sondiert und erste Kontakte aufgenommen. Leichte Hoffnung setzt ein. Der Betroffene macht sich Mut und strengt sich an. Energiereserven werden angezapft. Wenn es an diesem Punkt erste Pflänzchen des Erfolges gibt, gelangt man relativ schnell zu Phase 6.

4a. Sorge

Bleiben diese eben angesprochenen Erfolge aus, gelangen die Betroffenen relativ schnell in den Selbstzweifelmodus. So ähnlich wie bei mir nach dem Les Brown-Seminar, als ich mein Buchprojekt zu bezweifeln begann. Wenn es nun nicht nur ein Buch ist, weshalb du zu zweifeln beginnst, kann es schnell in den existentiellen Bereich gehen mit folgenden Fragen: Was, wenn ich es nicht schaffe? Wie soll es dann weitergehen? Aus temporären Sorgen können sogar größere (Existenz-)Ängste erwachsen.

4b. Leugnung

Der Erfolg blieb tatsächlich aus. Die Selbstzweifel werden jedoch über Bord geworfen und die Situation wird schöngeredet. An diesem Punkt wird versucht, Energiereserven in Form von Motivation freizusetzen.

4c. Wut

Die Erfolge bleiben noch immer aus. Frustration macht sich breit. Noch einmal wird der Auslöser (zum Beispiel die Kündigung) reflektiert - und es werden Schuldige gesucht: der Chef, die Kollegen, die Umstände, das System, die Zustände in der Welt - ein Skandal! Eine einzige unfaire Verschwörung! Die Wut wird zur Erklärung, warum es nicht klappt und niemals klappen kann. Das Ergebnis scheint besiegelt.

4d. Aufgabe

Keine der vorherigen Strategien führt zu einer Lösung. Egal, was der Betroffene auch unternimmt, nichts scheint zu funktionieren. Im Falle einer Kündigung kommen nur Absagen, wenn überhaupt, retour. Ausnahmslos, ohne einen Funken Hoffnung. Ab einem gewissen Punkt resigniert der Bewerber und gibt sich innerlich auf.

4e. Depression

Je nachdem, wie jemand den eigenen Selbstwert definiert und von äußeren Elementen abhängig macht („Sag mir deinen Job und ich sag dir, wer du bist), kann dies negative Konsequenzen auf das Selbstvertrauen, im schlimmsten Fall auf das eigene Selbstkonzept haben.

Studien zeigen zum Beispiel: Langzeitarbeitslosigkeit wirkt sich massiv und negativ auf die Psyche aus. Manche verfallen gar in eine Depression.

5. Hoffnung

Die eben genannte Phase wäre das „Worst-Case Szenario“. Wenn du ein starkes Netzwerk hast, kann dies dazu beitragen, dich zu motivieren und dir Hoffnung zu schenken. Kleine Lichtblicke können alles verändern: Ein Freund macht Mut, es tun sich unverhofft Chancen auf, etc.

In einer solchen Phase kann das alles Gold wert sein: Neue Kräfte werden mobilisiert und neue Anstrengungen unternommen, um aus dem emotionalen Tief zu gelangen. Wird dieser Hoffnungskeim jedoch nicht mit weiteren Erfolgen bekräftigt, dann setzt ein neuer Zyklus ein und es heißt Zurück zu 4a. Je öfter sich dieser Zyklus wiederholt, desto schwieriger ist es, in eine positive Schleife zu gelangen.

6. Enthusiasmus

Es sieht gut aus - der Ausweg, die Lösung, der neue Job ist zum Greifen nah. Jetzt mobilisiert der Körper alle Reserven - auch die emotionalen. Das Tal scheint überwunden, es herrscht Licht am Ende des Tunnels.

7a. Überwindung

Überwindung: Es ist geschafft, die Krise ist überwunden. Im Idealfall wurde der Betroffene sogar noch stärker durch diesen schweren Lebensabschnitt. Nicht wenige entwickeln dabei die vielbeschworene Resilienz.

7b. Neuer Zyklus

Letzten Endes kann das, was wir als Licht am Ende des Tunnels identifiziert haben, doch noch ein herannahender Zug sein. Hoffnung auf Krisenüberwindung zerplatzt wie eine Seifenblase am Stacheldraht. Umso tiefer ist jetzt der Absturz - ein neuer 4er-Zyklus setzt ein. Die Selbstzweifel und die Enttäuschung sind nun noch größer. Aus der Depression kann jetzt gar Apathie werden. An diesem Punkt rate ich, Fachärzte aufzusuchen.

Spiele diese „Krisenachterbahn" einmal mit deinen Erfahrungen durch. Du wirst viele Parallelen erkennen. Entscheidend wird es sein, sich so wenig wie möglich im 4er Zyklus zu befinden. Am besten springt man sofort von 3 auf 6. Mobilisiere alles, was du hast, um diesen Sprung zu meistern, denn alles andere raubt nur Energie.

Kontrolle ist alles und nichts

Wir sind es als Erwachsene gewohnt, alles unter Kontrolle, das Heft in der Hand zu haben. In meiner Coachingarbeit habe ich festgestellt, dass es das schwierigste Unterfangen für viele Klienten ist, die Kontrolle abzugeben.

Krisen lassen sich eben nicht kontrollieren. Genau dies ist ja das Krisenhafte einer Krise, sonst hätte man keine Krise.

Diese bringen uns an die Grenzen unserer bisherigen Handlungsfähigkeit und fordern uns heraus. Krisen sind für etwas gut. Wofür genau? Das muss von Fall zu Fall herausgearbeitet werden.

Die folgende kleine Geschichte illustriert dies sehr gut:

„Es war einmal vor langer, langer Zeit, ein König. Dieser hatte einen weisen Berater, der ihm immer den rechten Weg weisen sollte.

Der Berater konnte allen Dingen, die geschahen, immer auch etwas Positives abgewinnen, was dem König zunehmend auf die Nerven ging.

Eines schönen Tages machten die beiden mit einigen Gefolgsleuten einen kleinen Ausflug auf eine unerforschte Insel. Als sie am Strand Appetit bekamen, erblickten sie Kokosnussbäume mit saftigen Kokosnüssen. Der König nahm seine Machete, um die Kokosnuss zu öffnen. Dabei glitt die Klinge ab und er schnitt sich seinen kleinen Zeh ab. Der König schrie vor Schmerz und jammerte lautstark. Da sagte sein Berater: „Majestät, es ist zwar schlimm, und es tut sicherlich auch weh, aber es wird bestimmt für irgendetwas gut sein."

Jetzt reichte es dem König, das war einfach zu viel des Guten. Wütend befahl er seinen Dienern, den Berater in ein tiefes Loch zu werfen, aus dem er alleine nicht mehr herauskommen könnte. Auf dem Rückweg wurde der König noch auf der Insel von wilden Eingeborenen gefangen genommen und in deren Dorf verschleppt. Bald darauf fand er sich auf eine Art Altar gebunden wieder und das ganze Volk tanzte um ihn herum. Der Medizinmann kam aus seiner Hütte, trat in seinem prächtigen Federschmuck zu ihm und erklärte: „Jedes Jahr opfern wir unserem Gott einen Gefangenen, damit er uns auch im nächsten Jahr gnädig gestimmt ist", dabei begann er, laut singend, um den Altar herumzulaufen.

An den nackten Füßen des Königs angekommen, stutzte der Medizinmann, schaute noch einmal genauer hin und rief seinen Leuten zu: „Bindet diesen Mann los und lasst ihn laufen, er ist nicht vollkommen, denn es fehlt ihm ein Zeh. Unser Gott aber hat vollkommene Opfer verdient.“ Sofort eilte der König, so gut es ihm mit seinem verletzten Fuß möglich war, zu dem Loch, in dem sein Berater immer noch saß und er befahl seinen Dienern, den Mann unverzüglich aus dem Loch zu befreien.

„Entschuldige bitte, dass ich dir das angetan habe, aber jetzt habe ich eingesehen, dass du wieder einmal Recht hattest.“ Und er erzählte ihm die ganze Geschichte.

„Das ist schon in Ordnung“, erwiderte der Berater lachend, „ich dachte mir schon, dass es für irgendetwas gut sein würde, als Ihr mich in das Loch werfen ließet.“

„Was?“ rief der König, „wozu soll das denn schon wieder gut gewesen sein?“ Auf den erstaunten und fragenden Blick des Königs erwiderte der Berater schmunzelnd:

„Stellt Euch vor, Majestät, die Wilden hätten mich gefangen...“

Ist eine Krise schön und angenehm? Natürlich nicht. Kann man etwas Produktives daraus folgern? Natürlich kann man dies, auch wenn es auf den ersten Blick alles andere als einfach ist.

In meinen Coachings bringe ich zur Veranschaulichung immer wieder Beispiele von Menschen, die ihr Leben, trotz massiver Krisen und Beeinträchtigungen gemeistert haben. Ja sogar mehr – der Krise etwas nachhaltig Positives abgewinnen konnten.

Nehmen wir beispielsweise den weltberühmten und leider vor kurzem verstorbenen Physiker Stephen Hawking. Er galt als Superstar der Wissenschaft, mit Millionen verkauften Physik-Büchern (!) und unzähligen Auftritten in Film und Fernsehen. Das Besondere an ihm, neben seiner Intelligenz, war freilich, dass er bereits mit Anfang 20 im Rollstuhl saß. 1963 wurde bei Hawking Amyotrophe Lateralsklerose (ALS) diagnostiziert, eine degenerative Erkrankung des motorischen Nervensystems, welche in seinen letzten Lebensjahren so weit fortgeschritten war, dass er nur mehr über einen Computer kommunizieren konnte.

Auf die Frage, wie sein Leben wohl verlaufen wäre, wenn er diese Krankheit nicht gehabt hätte, antwortete er sinngemäß:

„Ich bin sehr froh, dass die Krankheit mich an den Rollstuhl gefesselt hat. So bin ich nie auf die Idee gekommen, Blödsinn anzustellen und habe mich voll und ganz der Wissenschaft verschrieben!“ Dies ist eine mehr als bemerkenswerte Antwort, die mich selbst immer wieder motiviert in verschiedenen Krisensituationen.

Best in Practice

In den nächsten Kapiteln bringe ich vier Beispiele, wie Menschen es geschafft haben, aus sehr schlechten Ausgangsbedingungen, das Beste zu machen. Sie gingen sogar einen Schritt weiter: Sie leben nun wahrscheinlich sogar ein erfüllteres Leben, als es ohne diese schlechten Bedingungen der Fall gewesen wäre. Und an diesem Punkt möchte ich erstmals den Begriff der Resilienz genauer beschreiben.

Nun jedoch ist die Zeit angebrochen, in welcher wir uns ansehen, was die Grundelemente für gelingende Widerstandsfähigkeit sind. Welche Faktoren helfen dabei, wieder aufzustehen, wenn das Schicksal es nicht gut mit uns meint? Um dies möglichst anschaulich zu bewerkstelligen, werde ich dir ein paar wahre Geschichten erzählen. Mit den nachfolgenden Praxisbeispielen bekommen wir eine Leitlinie, worauf wir achten müssen, wenn uns das Leben statt Zucker Salz in die Hand drückt.

Ich habe diese vier Beispiele gewählt, weil sie mich inspirieren, meinen eigenen Weg fortzusetzen und weil ich gemerkt habe, dass diese Beispiele eine große Resonanz bei meinen Klienten erzeugen.

Los geht's.

Wie eine Behinderung das Leben erfüllen kann

Eine Geschichte, die mich immer wieder berührt, ist die über das Team Hoyt. Die Geschichte begann 1962, als Rick zur Welt kommt. Bei seiner Geburt schnürt die Nabelschnur seine Sauerstoffzufuhr ab und dies führt zu Hirnschädigungen großen Ausmaßes. Eine schwere Behinderung war die Folge daraus. Ricks Eltern wurde prophezeit, dass der Sohn nie ein normales Leben führen könnte, er werde schwer behindert sein. Am besten sei es, ihn ins Heim zu geben, um sich nicht unnötigen Belastungen auszusetzen.

Die Eltern jedoch beschlossen, ihrem Sohn ein weitgehend normales Leben zu ermöglichen. Deshalb wurde für Rick auch ein eigener Computer entwickelt - ähnlich wie bei Stephen Hawking - mit dem er kommunizieren konnte. Sie waren sehr gespannt, welches wohl das erste Wort sei, mit dem er seine Eltern begrüßt. Der erste Satz, den er über den Computer mitteilte, war der Wunsch, das lokale Eishockey-Team zu besuchen.

Als Rick von einem Charity-Lauf für einen behinderten Athleten hörte, wollte er mitmachen und fragte seinen Vater, ob er mit ihm das Rennen bestreiten würde. Der damals übergewichtige Dick willigte ein und sie bestritten ihr erstes, gemeinsames Rennen. Dick lief und schob Rick bis zur Ziellinie. Niemand hätte erwartet, dass die beiden dies gemeinsam schaffen. Dies machte Rick so viel Spaß, dass er seinem Vater sagte, er fühle beim gemeinsamen Laufen, dass seine Behinderung verschwinde. Diese kraftvolle Botschaft motivierte Dick, mit dem Laufen weiter zu machen.

Mittlerweile sind Jahre vergangen und die beiden nahmen an unzähligen Rennen teil. Der Höhepunkt dabei ist der Iron-Man-Triathlon auf Hawaii, den sie zusammen absolvierten. Insgesamt bestritten sie gemeinsam über 1100 Rennen und Triathlons.

Rick selbst arbeitet am Boston College und ist ein gern gesehener Redner. Die Geschichte in Videoform findest du auf YouTube. Ich habe den Link dazu in den Anhang gepackt[5].

Auch diese Geschichte motiviert mich immer wieder, den nächsten Schritt in meinem Leben zu machen. Doch sehen wir uns das noch einmal aus der Metaperspektive an und stellen uns die Frage, was passiert wäre, wenn Ricks Eltern ihn damals ins Heim gegeben hätten? Hätte Rick die Chance auf ein erfülltes Leben gehabt? Hätte er sich ähnlich entwickelt?

Und wie ist es mit seinem Vater Dick? Laut seinen Ärzten war er vor der Läuferkarriere kurz vor einem Herzinfarkt, aufgrund seines diagnostizierten Übergewichtes. Ein paar Jahre später absolvierte derselbe Mann Triathlon gemeinsam mit seinem Sohn auf dem Fahrrad, im Rollstuhl beim Laufen und im Boot beim Schwimmen. Die Krise der Behinderung wurde zur Bereicherung für alle Seiten. Eine Krise scheint mehr für uns bereitzuhalten als auf den ersten Blick scheint.

Wenn eine Säureattacke alles verändert

Eine weitere Geschichte, die mich immer wieder zum Nachdenken bringt, handelt von Vanessa Münstermann, die von ihrem ehemaligen Freund nach der Trennung attackiert wurde. Die Tat vollzog er mit einem Abflussreiniger, der Schwefel enthielt. Diesen goss er aus Wut über die Zurückweisung in ihr Gesicht. Vanessa Münstermann musste nach diesem schweren Attentat 12 Tage im künstlichen Koma verbringen. Sieben weitere Wochen verbrachte sie im Krankenhaus und musste unzählige Operationen über sich ergehen lassen.

Es war eine Tat, die in Deutschland sehr selten vorkommt und von Brutalität nur so strotzt. Weil er sich von der jungen Frau (damals 27) erniedrigt fühlte, habe er sie hässlich machen wollen, sagte er zur Begründung. Von Reue ist auch nach Jahren der Tat, sehr wenig zu erkennen. Unfassbar eigentlich, aber wohl ein Selbstschutzmechanismus. Anders kann ich es mir nicht erklären.

Dass es für die Tat natürlich keine Form der rationalen Begründung gibt, liegt auf der Hand. Und dennoch musste und muss Vanessa Münstermann jeden Tag mit den Auswirkungen dieser Tat leben. Auf dem linken Auge hat sie nur noch zehn Prozent Sehkraft durch den Anschlag mit dem industriellen Rohrreiniger. Mittlerweile trägt sie eine Augenprothese. Die Rekonstruktion ihres Ohrs hat sie aufgrund der starken Schmerzen bei der Behandlung aufgegeben. Sie muss häufig eine Maske tragen, damit die Narben in Mund und Nase nicht nach innen wachsen, doch diese Maske bereitet ihr starke Beklemmungen. Mit den Folgen dieser feigen und hinterhältigen Attacken muss Vanessa ihr ganzes Leben fertigwerden.

Ich kann ihre Schmerzen - die körperlichen und psychischen - wahrscheinlich nicht mal im Ansatz nachvollziehen. Doch diese Frau hat etwas Beachtliches geschafft - sie ist nicht verzweifelt!

Im SAT1-Interview Anfang 2018 meinte sie selbst, dass sie nur zwei Optionen gehabt hat. Erstens: Aufgeben oder zweitens: Weiterkämpfen. Wenn sie aufgegeben hätte, hätte ihr Ex-Freund bekommen, was er wollte. Schließlich wollte er sie innerlich zerstören. Aufgeben war somit keine Option mehr[6].

Dann spricht sie etwas an, was für die Krisengestaltung äußerst produktiv zu sein scheint: ihr Netzwerk aus Freunden und Familie. Die dadurch entstandene Solidarität gibt Energie, auch die größten Hürden zu nehmen: „Das Gefühl, alleine zu sein, bringt Menschen um!“ - sagt sie im Interview 2018 mit SAT1.

Und auch der nächste Punkt kommt in der Krisenliteratur immer wieder vor: ein Sinnkonzept zu entwickeln für das eigene Leben. Vanessa möchte von nun an verbrannten und entstellten Menschen wieder Mut machen mit ihrer Geschichte. Angelehnt an

Viktor E. Frankls Logotherapie schreiben Schechner und Zürner:

„Was also ist es, dass manche Menschen traumatische Erfahrungen machen und nicht krank werden? Was lässt sie trotz allem gesund bleiben? Der Sinn, griechisch LOGOS, ist der entscheidende Faktor. Die Sinnerfüllung im Leben, die jeder Mensch aus tiefster Seele ersehnt, fungiert wie ein Schutzdach in schwierigen Lebensphasen“[7].

Dazu hat sie auch einen Verein gegründet - www.ausgezeichnet-ev.de. Ich finde die Worte auf dieser Homepage des Vereins so treffend, dass ich sie hier, ohne Veränderung, übernehme:

„Zwölf Tage künstliches Koma. Morphium. Operationen. Ein Ohr weg, ein Auge. Mein Gesicht, meine Hände und mein Dekolleté sind mit Narben übersät. Und das wird so bleiben. Ich habe mich entschieden, die Narben zu behalten. Ich will mich nicht verstecken. Daniel hat versucht, mich zu zerstören. Aber er hat sich selbst zerstört. Und mir hat der Weg, den ich gehen musste, gezeigt, wo meine Stärken liegen. Unzählige Menschen haben mir geholfen und haben an mich gedacht und waren für mich da, wofür ich unendlich dankbar bin. Jetzt will ich anderen Menschen helfen. Und an sie denken. Und für sie da sein.“

Während des Verfassens dieses Kapitels habe ich mit Vanessa persönlich Kontakt aufgenommen, um mich von ihrer Geschichte inspirieren zu lassen. Einen weiteren wichtigen Punkt, der ihr „das Leben gerettet hat“, war die Wiederentdeckung des Dankbarkeitsgefühls.

Sie erzählte mir davon, wie wichtig die Erkenntnis sei, für alles dankbar sein zu können. Es war auch das erste Wort, dass sie nach dem Koma zu ihren Krankenschwestern sagte: Danke. Sie war dankbar als sie nach und nach wieder die Kontrolle über ihren eigenen Schluckreflex zurückgewann. Sie war dankbar dafür, ihre Liebsten um sich zu haben. Sie war dankbar dafür, selbständig atmen und leben zu können.

An diesem Punkt können wir eine schöne Parallele zum Modell der Krisenachterbahn ziehen.

Wenn es uns gelingt, auch für die kleinen Dinge im Leben dankbar zu sein, dann gelingt es uns auch gleichzeitig, Hoffnung und Kraft in unseren dunklen Lebensabschnitten zu identifizieren.

Was ich wahrnehme ist, dass Vanessa ihren Lebensmut nie verloren hat, obgleich sie an die zwei Dutzend Haut-OPs über sich ergehen hat lassen müssen. Ihre persönliche Geschichte hat sie stärker gemacht als jemals zuvor, sie hat sie reifen lassen.

In einer WDR-Dokumentation sagt sie spannende Sätze: „Ich bin gezeichnet, aber ich bin dadurch ausgezeichnet. Menschen wollen immer besonders sein, aber sie wollen nicht anders sein. Jeder hat Angst, anders zu sein...ich steche auch so heraus. Ich habe ein halb verbranntes Gesicht und fühle mich trotzdem schön.“[8].

Vanessa ist mittlerweile wieder in einer Beziehung und hat Mitte des Jahres 2018 ein gesundes Mädchen auf die Welt gebracht. Welch wunderbare Entwicklung sie genommen hat, obgleich die Bedingungen kaum schlechter hätten stehen können.

Ihre „Rettungsanker“ waren Vanessas soziales Netzwerk und ein neu kreierter Sinn in ihrem Leben. Aus logotherapeutischer Sicht scheint sie sich die richtige Art von Fragen gestellt zu haben, wie Schechner und Zürner analysieren: „Die Frage darf nicht lauten: Warum sind meine Lebensbedingungen so schwierig, ungerecht und bedrohlich? Sondern: Wozu fordert mich diese Lebenssituation heraus? Wie will und soll ich darauf antworten, wie agieren?“ [9].

Ich wünsche dir, dass du ebenfalls die richtigen Fragen an dich stellst, egal, wie die Bedingungen sind, die du meistens sowieso nicht ändern kannst.

- *Hierzu ein paar Fragenimpulse:*

. Wie kann ich die Krise für mich nutzen?

. Wie kann ich die Krise für mein Umfeld nutzbar machen?

. An welche Handlungsoptionen habe ich bisher noch nicht gedacht?

. Weshalb ist meine Situation nicht noch schlimmer?

....

....

....

....

....

....

....

....

....

....

....

....

....

....

....

....

Ohne Arme und Beine ins Glück

Hast du schon einmal vom äußerst selten auftretenden Phänomen: „Tetra-Amelie-Syndrom" gehört? Es führt dazu, dass die Betroffenen ohne Arme und Beine auf die Welt kommen. Nicholas Vujicic, der 1982 in Melbourne das Licht der Welt erblickt, traf genau dieses Schicksal. Er hatte weder Arme noch Beine - und das von Geburt an. Sonst war er ein kerngesundes Baby. Seine Eltern, obwohl sie anfangs unter Schock standen, förderten und forderten ihn sehr, sodass er ein eigenständiges Leben führen konnte.

In der Schulzeit kam es verstärkt zu verbalen Attacken von seinen Mitschülern, sodass Nick bereits mit 8 Jahren eine schwere Depression aufbaute. Er wollte sich sogar das Leben nehmen, indem er versuchte, sich selbst in der Badewanne zu ertränken. Dies gelang ihm glücklicherweise nicht und so absolvierte er schlussendlich die High-School mit einem Diplom in Rechnungswesen und Finanzplanung.

Nick sah lange keinen Sinn in seinem Leben und interpretierte seine Behinderung als Bestrafung durch Gott. Dies änderte sich als sich seine Meinung zu sich und seinen Ausgangsbedingungen änderte. Fortan begriff er seine Situation als Herausforderung und als Auftrag Gottes. In einer seiner Dokumentationen sagte er folgenden, aufschlussreichen Satz: „Zu der Zeit begann ich zu sehen, dass es keinen Sinn macht, äußerlich komplett zu sein, wenn du im Inneren zerbrochen bist [...]

Ich wusste, Arme und Beine würden mir ohnehin keinen Frieden geben. Arme und Beine allein."

Diese innere Haltung half ihm nicht nur dabei, sein Schicksal zu meistern, sondern auch dabei, über sich selbst hinauszuwachsen[10].

Der Sinn, den er in seiner Behinderung gefunden hat, sei den Menschen von der Liebe Gottes zu berichten und sie dabei zu bestärken, ihre Sehnsüchte und Träume zu erfüllen. Deshalb ist er mittlerweile ein international anerkannter Motivationsredner, Buchautor und Individualcoach. Sein Ziel ist es, Menschen Hoffnung zu geben.

Seit 2012 ist Nick verheiratet und er hat 4 Kinder. Vujicics offensiver Umgang mit seiner Behinderung ruft regelmäßig das Interesse der internationalen Medien hervor, vielleicht hast auch du ihn schon einmal im Fernsehen oder auf YouTube gesehen. Berichtet wird, wie er den Alltag bewältigt, wie er mit seiner Behinderung verschiedene Sportarten (Schwimmen, Surfen und Golf) ausübt, Reisen unternimmt und wie er als christlich geprägter Motivationsredner international wahrgenommen wird. Er performte schon vor mehreren Millionen Zuschauern und gab ihnen Hoffnung, ihr eigenes Schicksal in die Hand zu nehmen.

In seinen Reden hat er mehrere „golden nuggets", doch diese Sätze, im oben genannten Video, scheinen mir besonders wichtig, wenn wir das Thema Resilienz ins Auge fassen:

„Es gab Zeiten, in denen ich mein Leben betrachtet habe: ich kann dieses nicht tun und jenes nicht tun. Und damit konzentrierst du dich ständig auf das, was du wünschtest, dass du es hättest, beziehungsweise nicht hättest. Und dabei vergisst du ganz, was du hast“.

Auch bei Nick Vujicic sehen wir, wie wichtig ein individuelles Sinnkonzept ist. Wenn wir wissen, wofür wir hier sind, weshalb wir etwas machen sollen, dann fällt es uns leichter, die Täler des Lebens zu durchschreiten.

Bei Nick kommt jedoch noch eine zusätzliche Erfolgskomponente hinzu, welche in ganz wenigen Büchern zum Thema Resilienz behandelt wird: Selbstironie. In seinem 3,3 Millionen Mal geklickten Video: „The most inspirational video you will ever see, Nick Vujicic“ sehen wir, wie Nick in einem Tor steht und der Ball auf den Elfmeterpunkt gelegt wird. Der darauffolgende Schuss findet seinen Weg ins Eckige, ohne dass Nick darauf reagiert. Wie soll er auch ohne Arme und Beine? Doch seine Antwort auf das Tor: „Hey, ich war noch nicht bereit!“.

Bei seinen Reden erzählt er auch immer wieder gerne, dass er sich einmal als Pilot verkleidet hat und die Passagiere persönlich begrüßte vor dem Flug. In seinen Vorträgen spart er nicht mit lustigen Episoden aus seinem Leben.

Dieser Humor, auf sich selbst gerichtet, beweist den inneren Frieden, die innere Selbstsicherheit dieses Menschen. Gleichzeitig sorgt die Selbstironie dafür, mit Menschen in einen positiven Kontakt zu treten. Wer sich, mit Maß und Ziel, über sich selbst lustig macht, zeigt wahre Größe und ist ein Schlüssel für nachhaltige Resilienz. Leider wird dieser Punkt in der Standardliteratur viel zu wenig beachtet.

Mein Verleger, Michael Jagersbacher, hat dazu sogar ein eigenes Buch verfasst - „den Sympathie-Code. Wie Sie andere für sich gewinnen". In diesem Werk liefert er allerhand wertvolle Tipps und Tricks, wie du Selbstironie in dein Leben integrieren kannst.

Auf seinem Blog schreibt er folgende Zeilen, die mich zum Nachdenken brachten: „Der unumstößliche Glaube an die Stärke der Stärke ist trügerisch. Unangreifbarkeit lädt dazu ein, nach einer Schwachstelle zu suchen. Außerdem wird es immer jemanden geben, der mehr Stärke vorzuweisen hat. Doch im kommunikativen Austausch mit dem Gegenüber zählt ab sofort nicht mehr das Gesetz des Stärkeren. Es zählt die Art und Weise, wie du dich positionierst. Doch die Vorgehensweise ist eine gänzlich andere. Versuche es mit ein wenig Selbstironie. Nicht zu viel davon, sonst wirst du schnell unglaubwürdig. Aber ein oder zwei Seitenhiebe auf dich persönlich verunsichern dein Gegenüber."[11].

Paradoxerweise ist es so, dass, je mehr Angriffsfläche du selbst bietest, desto unwahrscheinlicher ist es, dass jemand dies ausnützt. Öffne dein Visier, um nicht mehr einstecken zu müssen.

Der Schritt ist natürlich ein Großer. Vom Leid der Krise in die Selbstironie. Vielleicht helfen dir folgende Fragen dabei, diesen Schritt zu meistern:

- Kannst du über dich selber lachen?
- Welche Elemente deiner Situation könnten andere lustig finden?
- Welche Elemente deiner Situation kannst du so verändern, dass du über sie lachen kannst?
- Wie kannst du deine Perspektive auf deine Problem so verändern, dass du sie lustig findest?

....

....

....

....

....

4 Minus 3 - werde zum Clown in der Krise

Bevor ich diese berührende Geschichte erzähle und analysiere, möchte ich vorwegschicken, dass mit der Überschrift nicht suggeriert werden soll, dass du alle Dinge mit Humor nehmen kannst oder sollst. Im Gegenteil. Krisen dürfen nicht durch Humor verharmlost werden, zumindest nicht in den ersten Schritten.

Die nun folgende Geschichte zeigt auf, welche Fähigkeiten zum Durchleben und Gestalten von existenziellen Krisen wichtig sein können. Was das Ganze schlussendlich mit Clownarbeit zu tun hat, erfährst du bis zum Ende des Kapitels.

Ich habe bereits mehrere Male darauf hingewiesen, wie wichtig das eigene, soziale Netzwerk für das Bewältigen von Lebenskrisen ist. Dazu zählt natürlich zu einem Großteil die eigene Familie. Was nun, wenn jedoch genau diese genommen wird?

Dies geschah 2008 Barbara Pachl-Eberhart in der Steiermark, in Österreich. An einem ganz normalen Arbeitstag kamen ihr Mann und ihre beiden Kinder bei einem Autounfall ums Leben. Von den ehemals vier Familienmitgliedern blieb somit nur mehr sie selbst übrig. In solchen Situationen ändert sich das Leben dramatisch und schlagartig. Für mich persönlich ist das Leid, welches diese Frau ertragen musste, kaum nachzuvollziehen in seiner Schwere. Und dennoch hat sie einen Weg gefunden, mit der Krise fertig zu werden. Ich bin felsenfest davon überzeugt, dass nicht viele Menschen mit solch einem Schicksalsschlag fertig werden können.

Doch selbst in solchen Situationen existentieller Herausforderungen, gibt es Handlungs- und Denkoptionen die produktiver als andere sind. Logischerweise nicht im akuten Schock- und Trauerzustand, der unterschiedlich lang sein kann, sondern direkt danach. Welche Denkmuster setzen nach dem Abklingen des Schockzustandes ein?

Barbara Pachl-Eberhart arbeitete neun Jahre lang als Clown für die Roten-Nasen-Clowndoctors. Die Fähigkeiten, die sie in ihrer Ausbildung gelernt hat, dürften ihr beim Überwinden ihres Schicksals maßgeblich geholfen haben: „Es war meine Geisteskraft, die Fähigkeit, mich auszudrücken, obwohl der Gedanke, mich endgültig fallen zu lassen, verlockend war.“[12].

Ihre Fähigkeit, sich auszudrücken, sich mitzuteilen, hat sie 2010 Buchform gebracht. „4 Minus 3“ heißt das Werk, welches zum Spiegel-Bestseller avancierte. Darin skizziert Pachl-Eberhart ihre Geschichte, ihre Sicht der Dinge, mit der sie tausenden anderen Menschen ebenfalls Hoffnung gibt, die schlimmsten Krisen in ihrem Leben zu überstehen.

Durch die jahrelange Arbeit als Künstlerin war sie sehr bestrebt, stets gestalterisch zu denken. Das gilt natürlich auch für ihre Trauerarbeit, oder - wie sie es nennt - „Trauergestaltung“. Wichtig war ihr die Aktivität, das Ausprobieren, das Spielerische. Selbst oder gerade in der Phase ihrer Trauer. Passivität würde nur dazu führen, nicht in Kontakt mit anderen zu treten und für sich selbst zu sein. Dies ist natürlich auch eine wichtige Phase, doch wir haben gesehen, dass das Mitteilen, das Interagieren mit anderen Menschen ebenso wichtig ist. Einseitigkeit macht krank.

Und so erzählte sie im Kurier-Interview, dass ihr Netzwerk aus Freunden und Familie sie unterstützte, mit der Situation fertig zu werden. Einen interessanten Aspekt, den wir hier im Buch noch gar nicht besprochen haben, schneidet sie ebenfalls an. Am meisten habe ihr ihr älterer Bruder geholfen, der sie niemals bemitleidete, sondern sie um Rat fragte, da er sich damals selbst in einer schwierigen Phase seines Lebens befunden hatte. Was viele von außen vielleicht als egoistisches Handeln interpretieren würden, hatte für Pachl-Eberhart enorm positive Auswirkungen: „Das war großartig! Gebraucht zu werden, war ein unglaubliches Geschenk.“[13].

Dieser Punkt ist wirklich spannend. Das Gefühl, von anderen gebraucht zu werden, hilft beim Meistern von Krisen. Sinn ergibt sich im Spannungsbogen von Eigensinn und Sinn für andere darstellen. Deshalb hier meine Coachingfragen:

- Wem kannst du, auch in schweren Lebenskrisen, eine Stütze sein?
- Wie kann dir die Krise helfen, anderen Menschen zu helfen?
- Was kannst du aus deiner Krise lernen, das auch für andere hilfreich ist?

Heute ist Barbara Pachl-Eberhart wieder glücklich verheiratet und seit 2017 wieder Mutter einer Tochter. Doch auch dieser Weg verlief nicht ohne Tal. Denn im März 2015 - sieben Jahre nach dem schrecklichen Tod ihrer Familie, verlor sie nach sechs Wochen Schwangerschaft wieder ein Kind.

Für viele Menschen wäre das wahrscheinlich der nächste Tiefschlag und eine Rückkehr zur Krise (Anmerkung: Rückkehr zum 4er Zyklus). Nicht so für Barbara Pachl-Eberhart.

Auf ihrer Homepage beschreibt sie diese Phase ihres Lebens:
„Nach dem Besuch eines kleinen Sternenkindes in meinem Bauch, das von Februar bis März 2015 sechs Wochen lang in mir gewohnt hat, wurde mir klar, dass nun langsam ein neuer Lebensabschnitt beginnen darf, in dem ich die Trauer auch als berufliches Standbein hinter mir lasse."[14].

Sie nahm diesen Schicksalsschlag als Zeichen, einen neuen, trauerfreien Weg einzuschlagen. Die Interpretation hätte genauso gut in die andere Richtung gehen können. Positive Interpretationen walten zu lassen, ist ein wichtiger Schlüssel der Krisengestaltung.

Die richtigen Schlussfolgerungen zur richtigen Zeit zu ziehen, kann sogar Leben retten und genau hier sollten wir den Clown in uns entdecken und ihn zu Wort kommen lassen.

Coachingfragen:

. Kommt ein anderer Mensch zu anderen Schlüssen, wenn er meine Situation betrachtet?

. Gibt es eine positive Interpretation meines Schicksals?

. Was will mir die Krise - zwischen den Zeilen - sagen?

. Was würde mein innerer Clown zur Krise sagen?

. Welche Aspekte der Krise würden meinem inneren Clown als erstes ins Auge springen?

. Welchen Teil der Krise kann ich aktiv gestalten und wie?

Was Skateboards mit geschäftlichen Krisen gemeinsam haben

Unter meinen Coachingklienten sind auch sehr oft Unternehmer, die sich in einer Krise befinden. Die beruflichen Probleme wirken sich sehr schnell auf das private Leben aus, ohne dass man es wahrnimmt. Oft weiß man nicht einmal, was zuerst da war. Die private oder die berufliche Krise?

1,4 Millionen D-Mark. Diese Menge an „Venture-Kapital" hat der Start-Up-Gründer und Investor Frank Thelen bereits im zarten Alter von 22 auf die Beine gestellt - Mitte der 90er Jahre. Bekannt ist Thelen vor allem aus dem VOX-Format: „Die Höhle der Löwen", in welcher Jungunternehmer und Start-Ups Investorengeld und Know-How erwerben wollen.

Heute ist Thelen ein Investor und Unterstützer von technologie- und designorientieren Jungunternehmen. Für diesen Zweck stellt er mit seiner Firma „Freigeist-Capital" Risikokapital zur Verfügung. Thelen selbst ist schon seit geraumer Zeit Multimillionär. Doch, was die Wenigsten wissen, er war auch schon mal pleite - und zwar als Privatperson. Nämlich genau zu der Zeit, als er seine ersten Erfolge als Unternehmer verbuchen konnte, war er kurze Zeit später mit über einer Million Euro privat verschuldet. Er konnte sich jedoch auf einen Vergleich einigen mit der Bank und zahlt bis heute (!) jeden Monat noch immer 500 Euro zurück. Weshalb macht er das eigentlich? Er hätte es ja schon längst zurückzahlen können: „Ja, natürlich. Ich will mich aber daran erinnern, wo ich herkomme. Deshalb zahle ich immer noch 500 Euro jeden Monat – als Mahnmal."[15].

Er sieht es als Warnung und Ermahnung an sich selbst, die Dinge nicht überstürzt und zu schnell anzugehen. Auch hier wieder die wirklich nachahmenswerte Art und Weise der Interpretation negativer Elemente. Viele hätten diese Privatinsolvenz dafür genützt, das Gründen von Firmen lieber anderen Menschen zu überlassen.

Thelen jedoch baute auf seinen größten Misserfolg sein Business-Imperium auf. Er zog und zieht noch immer die richtigen Schlüsse aus seiner persönlichen Finanzkrise: „Gehe niemals unter null! Lebe lieber von Cornflakes und zieh wieder zu deinen Eltern. Aber nimm niemals private Schulden auf."[16].

Thelen zieht in seinen Interviews auch sehr oft den Vergleich zwischen Unternehmertum und Skateboarden. Da er selbst begeisterter Skate- und Snowboarder ist, sind die dort erlernten Fähigkeiten für ihn auch wichtig im Business.

Umfallen und Aufstehen ist die Grundkompetenz, die man als Skateboarder mitbringen muss. Anscheinend auch als Unternehmer.

Fühlt es sich gut an, zu scheitern? Fühlt es sich gut an, sich in einer Lebenskrise zu befinden? Natürlich nicht, aber es scheint dazuzugehören zum Leben und das Leben nachhaltig zu gestalten: „Es ist nicht cool zu scheitern. Es tut weh, man verliert Kapital. Aber es muss möglich sein zu scheitern, damit man mal mit 300 in die Kurve fahren und Risiken eingehen kann. Wenn wir alle nur das machen würden, was immer funktioniert hat, gäbe es viele Dinge nicht."[17].

Das bedeutet auf der anderen Seite, dass jeder von uns ein individuelles Sinnkonzept erarbeiten muss, in dem Scheitern und Krisen ein unweigerlicher Bestandteil sind. In welcher Form auch immer:

„Man muss besessen sein von dem, was man tut.

Wenn man nur ein Möchtegern-Unternehmer ist, der einfach reich und berühmt sein will, funktioniert das nicht. Es darf niemals um Geld oder Ruhm gehen. Ich habe nie ein Unternehmen gegründet, um reich zu werden. Von daher war ich nicht so schockiert, als ich auf einmal arm war. Ich habe nach der Pleite einfach wieder gegründet.“[18].

Folgende ***Coachingfragen*** können dir in unternehmerischen Krisen helfen:

- Liebst du, was du tust?
- Welche Fehler solltest du unbedingt anderen Menschen überlassen?
- Wer hat bereits die Fehler gemacht, die dich weiterbringen?
- Welche Fehler solltest du unbedingt am eigenen Leib verspüren?
- Was würdest du als erstes tun, wenn deine unternehmerische Krise gelöst wäre?
- Wie kannst du dein Risiko minimieren, ohne dass dein Unternehmen darunter leidet?
- Wie kannst du dein Risiko erhöhen, ohne dass dein Unternhemen darunter leidet?

Stress ist gut

Verschiedene Studien von Mark Seery, Alison Holman und Roxane Silver legen nahe, dass negative Lebensereignisse unsere Widerstands- und Anpassungsfähigkeit stärken und dadurch unserer psychischen Gesundheit zuträglich sind. Ironischerweise machen Krisen uns krisenfitter. Nicht nur das. Eine gewisse Anzahl an negativen Lebensereignissen sorgen sogar dafür, dass sich das allgemeine Stressniveau senkt.

Die Lebenszufriedenheit steigt aufgrund der erlebten und durchlebten Krisen.

Dies hört sich auf den ersten Blick etwas eigenartig an. Aber nur auf den allerersten Blick. Sehen wir uns die These etwas genauer an.

Ziehen wir den Vergleich zum Sport, werden wir verstehen, dass dies nur logisch ist. Wer regelmäßig läuft, wird bestätigen können, dass es vor allem am Anfang hart ist, 30 Minuten oder länger durchzulaufen. Mit der Zeit gewöhnt sich der Körper daran. Ab einem gewissen Punkt dehnt man dann die Laufzeit einfach aus, um am Ende vielleicht sogar einen ganzen Marathon laufen zu können. Einer der Nebeneffekte ist, dass durch die regelmäßige Belastung der Ruhepuls sinkt und das Herz somit geschont wird.[19].

Stellen wir uns nun jemanden vor, der seit 20 Jahren nicht mehr gelaufen ist und plötzlich vor einer Bedrohung flüchten muss. Er ist völlig unvorbereitet auf diese Flucht und wird nicht lange über ein gewisses Tempo gehen können. Derjenige, der seinen Körper regelmäßig kleinen Krisen ausgesetzt hat, wird sich durchsetzen, weil der Körper vorbereitet ist.

Nachdem ich jahrelang im Fitnessbereich gearbeitet habe, sei mir an dieser Stelle eine Analogie zum Muskelaufbau erlaubt. Muskeln baust du vor allem dadurch auf, wenn du sie unterschiedlich forderst. Je öfter du sie ein Stück weit überforderst, desto eher werden sie an Wachstum zunehmen. Wenn du immer nur die gleichen Übungen machst, wird sich der Erfolg viel langsamer einstellen. Muskelmasse entsteht, indem du deine Muskeln kleinen Krisen aussetzt. Du zwingst sie förmlich, Strukturen aufzubauen, um diese zu lösen. Deshalb bedarf es mit Fortdauer der Zeit immer weiterer „Krisen“ oder Herausforderungen. Dies kann mit Gewichten, Wiederholungen oder der Art der Übung geschehen.

Ähnlich ist es mit dem Geist. Derjenige, der bereits eine gewisse Anzahl von Krisen erlebt hat, ist vorbereitet auf die Herausforderungen. Vor allem, wenn er sie reflektiert und seine Lehren daraus gezogen hat. Dies bedeutet keinesfalls, dass er nicht leidet. Im Gegenteil: Er leidet sogar intensiver und kann deshalb daraus mehr lernen.

Krisenfragen

„Die Qualität deiner Fragen bestimmt die Qualität deiner Antworten."
(Unbekannt)

In meinen Trainings und Coachings arbeite ich sehr gerne mit Fragetechniken. Als besonders effektiv haben sich paradoxe Fragestellungen herausgestellt, um meine Klienten zu verunsichern. „Welcher Trainer macht denn sowas?", wirst du dich an diesem Punkt nun selbst fragen. Es könne doch nicht sein, dass man bezahlt und dafür auch noch verunsichert wird. Sicherheit sei doch das erstrebenswerte Ziel.

Ich denke, es gibt kaum eine falschere und schädlichere Einschätzung von Krisenbewältigung. Sicherheit und Kontrolle in Krisenmomenten kann es per definitionem nicht geben, sonst wäre es ja keine Krise, die dich herausfordert. Also bitte vergiss die ganze Literatur, die dir eine Pseudosicherheit in persönlichen Umbruchzeiten vorgaukelt. Denn die kann es gar nicht geben. Du kannst dich lediglich um deine Ressourcen kümmern. Nicht mehr und nicht weniger.

Zurück zu meiner Strategie mit den paradoxen Fragestellungen. Überlege bitte selbst: Was bestimmt dein Denken? Was bestimmt dein Handeln? Es gibt eine Vielzahl an Antworten darauf:

- Deine Grundannahmen
- Deine Erfahrungen
- Deine Werte
- Deine Kreativität
- Dein Selbstbewusstsein
- Du kannst die Liste selbst beliebig erweitern

Doch egal, welche Antwort du auf die Frage gegeben hast, sie wird immer mit Emotionen in Verbindung stehen. Wenn deine Emotionen negativer Natur sind - du hast Angst vor einer Krise - dann ist Panik deine Beraterin. Überflüssig zu erwähnen, dass ich von dieser Beraterin nichts halte. Wenn du jedoch neutrale und - im besten Fall - positive Emotionen während einer Krise aufbauen kannst, dann wirst du neue und andere Aspekte wahrnehmen, die dir helfen, neue Optionen zu finden. Du musst eben daran arbeiten, diese positiven Emotionen zu aktivieren, wenn du sie benötigst. Dies ist sogar der wichtigste Schlüssel in der Krisengestaltung.

Entscheidungen - Handlungen - Ergebnisse - Emotionen - Optionen - Entscheidungen - usw. Du kannst einsteigen, wo du möchtest.

Denn es ist nicht der Fall, dass Handlungsoptionen etwas „Gottgegebenes“ und von jedem jederzeit erkennbar wären. Dies ist viel zu einfach gedacht. Vielmehr werden diese Optionen von unseren Emotionen beeinflusst. Kannst du also deine Emotionen - nur ein Stück weit - steuern in krisenhaften Zeiten, dann hast du schon sehr viel gewonnen. Und wenn es die Einsicht ist, dass du die Krise nicht alleine durchstehen musst.

Wie ich schon dargestellt habe, sorgen paradoxe Fragestellungen für ein Stück weit Unsicherheit. Weshalb will ich eigentlich Unsicherheit erreichen? Weil ich realistischerweise keine andere Wahl habe.

Eine sehr beliebte Methode vom Umfeld bei Krisen zu reagieren ist es, zu beschwichtigen:

- Sowas habe ich wirklich noch nie erlebt!
- Du bist wirklich ein Unglücksrabe!
- Diese Situation wünscht man keinem Menschen!

Ein sehr gefährliches Unterfangen, da ich so mitunter die Krisen bestätige und verschärfe. Ich habe die somit die Wahl zwischen Pest und Cholera. Entweder beschwichtige ich oder ich bestätige.

Wie aus den Systemwissenschaften bekannt ist, kann man ein System - wie es der Mensch schlussendlich auch ist - von außen nie direkt beeinflussen. Man kann Systeme nur irritieren. Mehr braucht es meistens jedoch auch nicht. Genau dieses Wissen mache ich mir zu Nutze, wenn ich paradoxe Fragen stelle.

Eine solche Frage ist folgende: „Weshalb ist deine Situation eigentlich nicht noch schlimmer?". Der Trick dabei: Ich fordere indirekt auf, sich auf die eigenen Ressourcen für die Krisenauseinandersetzung zu besinnen, ohne dass ich die vorliegende Situation beschwichtige oder bestärke.

Die meisten verstehen die Frage im ersten Moment gar nicht, weil sie irritiert sind. Wie ich eben beschrieben habe, ist dies in einem abgeschlossenen System (=Hirn), die einzige Möglichkeit, Veränderung zu bewirken.

Diese Art der Fragestellung sind sie meistens auch nicht gewohnt. Im zweiten Moment beginnt meistens die Veränderung der Perspektive. Mit dieser Art der paradoxen Fragestellung schaffe ich es, die Menschen aus angestammten Emotionen und festgefahrenen Denkmustern heraus zu bringen und einen neuen Standpunkt einzunehmen. Wirkt Wunder. Versuch es doch auch einmal bei dir selbst!

Weitere Beispiele für paradoxe Fragen:

- Was musst du tun, damit die Krise dir noch härter zusetzt?
- Was kannst du tun, um dich selbst zu manipulieren?

- Wie kannst du sichergehen, dass du die Krise nicht bewältigst?
- Wer kann dich dabei unterstützen, der Krise zu unterliegen?
- Wie kannst du dich möglichst gut selbst enttäuschen?
- Wie ließe sich deine Krise weiter verschlimmern?

Dir fallen bestimmt noch weitere Fragen ein, die dich so richtig aus der Fassung bringen. An diesem Punkt möchte ich jedoch ergänzen, dass ich mit meinen Klienten Vorgespräche führe und schon eine gewisse Vertrauensbasis vorhanden ist. Paradoxe Fragen können auch das Maß der gewünschten Irritation überschreiten, wenn das Vertrauen nicht gegeben ist. Überforderung nützt keinem etwas.

Außerdem ist es mit paradoxen Fragen nicht getan. Schlussendlich sollen ja die individuellen Ressourcen sichtbar gemacht werden. Wenn die neue Perspektive eingenommen werden kann, dann ist es die richtige Zeit für lösungsorientierte Fragestellungen:

- Wer kann dir beim Lösen der Krise helfen?
- Welche Fähigkeiten haben dich vergangene Krisen überstehen lassen?
- Welche Ressourcen benötigst du, um die Krise produktiv zu bearbeiten?
- Wie kannst du diese Ressourcen aufbauen?
- Was muss sich verändern, damit die Krise erfolgreich bewältigt werden kann?

Ein elementarer Bestandteil der Krisenfitness ist für mich, die richtigen Fragen zur richtigen Zeit zu stellen. Hier eine Auswahl an falschen und unproduktiven Fragen:

- Warum trifft es immer mich?
- Warum straft mich das Leben so?
- Bin ich immer der Dumme?
- Was habe ich verbrochen?

Alleine, wenn du diese Fragen mit den lösungsorientierten Fragen vergleichst, wirst du den Unterschied zwischen produktiven und destruktiven Fragen relativ leicht erkennen.

Die destruktiven Fragen sind nur „Scheinfragen“, die dich einer Lösung der Situation kein Stück näherbringen. Im Gegenteil, sie verleiten dazu, die falsche Fährte aufzunehmen und sich in der Opferrolle zu suhlen. Bitte nicht falsch verstehen; Im Gegensatz zur beinahe gesamten Coachingbranche bin ich der festen Überzeugung, dass das Einnehmen der Opferrolle durchaus auch positive Seiten haben kann. Der Schmerz und die Tragik, welche dieser Rolle innewohnt, kann dazu beitragen, dass du dich aus ihr hinausmanövrierst. Dazu musst du jedoch diese Opferphase erkennen und mit produktiven Fragen überwinden. Bleibst du dort stecken, verschlimmert sich die Situation. Kannst du sie als Sprungbrett nützen, dann hat sie indirekt einen produktiven Beitrag zu deiner Entwicklung geleistet. Der Trick ist, in der Opferrolle produktive Fragen zu stellen, um sich in eine aktive Position zu bewegen.

Bitte einmal Krisenschutz to go

„Der Mensch hat dreierlei Wege klug zu handeln: Erstens durch Nachdenken, das ist der Edelste. Zweitens durch Nachahmung, das ist der Leichteste. Drittens durch Erfahrung, das ist der Bitterste.“
(Konfuzius)

In einem meiner Lieblingsfilme - Der Pfad des friedvollen Kriegers - verletzt sich der Sportler Dan Millman sehr schwer an seinem Bein. Sport bedeutet ihm alles und er stand kurz vor den Ausscheidungen für ein sportliches Großevent. Als der Schmerz und die Trauer über seinen Unfall am größten waren, formulierte seine jetzige Frau - Joy Milmann - eine äußerst interessante Frage, die mir immer wieder ins Gedächtnis kommt:

„Es ist eine schlimme Phase für dich, Dan. Durchlebst du sie auch bewusst?“ Diese Frage ist äußerst bemerkenswert. Schließlich erfüllt sie mehrere Aufgaben.

1. Sie ist verunsichert. Weshalb? Weil der Gefragte höchstwahrscheinlich mit etwas anderem gerechnet hat.
2. Sie legt nahe, dass die Krise etwas ist, woraus der Betroffene lernen kann.
3. Sie fordert gerade dazu auf, sich der Krise „auszusetzen“, sie mit allen Sinnen zu erleben. Denn genau daraus ergibt sich ein Lerneffekt.

Es ist ein Irrglaube, dass man sich vor krisenhaften Ereignissen schützen muss. Der noch größere Irrglaube ist, dass man sich vor krisenhaften Ereignissen schützen kann. Du kannst dich vorbereiten, du kannst dich krisenfit machen. Das heißt jedoch nicht, dass du Krisen gelassener gegenübertrittst.

Eine Krise tritt ja dann auf, wenn du keine Gelassenheit mehr an den Tag legen kannst. Krisenfit bist du dann, wenn du selbst in der schlimmsten Krise Freiräume erschaffen und aktiv werden kannst.

Egal, in welcher Situation du dich nun befindest, halte dir bitte folgendes vor Augen: Die aktuelle Krise unseres Lebens, bereitet uns indirekt auf das nächste negative Erlebnis vor.

Vielleicht ist dies ein schwacher Trost für dich im Moment. Doch die Realität ist auch nicht dazu da, dich immer zu trösten. Dies wäre realitätsfern. Genauso, wie wenn ich versprechen würde, dass dir Krisen nach Durcharbeiten des Buches nie mehr an den Rand der Verzweiflung bringen. Ich kann dir sogar das Gegenteil versprechen – die Krisen der Zukunft werden dich sogar immer mehr fordern, je weiter du dich auf sie einlässt. Je krisenfitter du wirst, desto höhere Herausforderungen darfst du dich stellen. Davor kann dich nichts und niemand bewahren. Es ist mir wichtig, dass wir an diesem Punkt „Tacheles" reden.

Vielleicht kannst du dich an deinen eigenen Mathematikunterricht erinnern. Zuerst beginnt alles relativ simpel. Wenn du jedoch die Zahlen 1 bis 10 intus hast, geht es los. Addition, Subtraktion und Co. warten auf dich. Danach folgen weitere Aufgaben der Algebra, die du meistern darfst.

Du wächst an einer steten und wohl dosierten Überforderung. Du lernst dazu. Die Folge daraus ist ein tieferer Einblick in die Strukturen der Mathematik und Logik. Ähnlich verhält es sich in deinem Leben. Und zwar in jeglichem Bereich. Krisen sind die Herausforderungen des Lebens an deine Handlungskompetenz. Es würde selbstverständlich niemandem einfallen, einem Kind zu raten, es solle mit Mathematik aufhören, weil es eine Rechnung nicht lösen kann. Im Gegenteil, wir versuchen unseren Kindern gut zuzureden und an das eigene Potenzial zu glauben.

Nur, weil du bis dato an deinen krisenhaften Herausforderungen gescheitert bist, heißt dies nicht, dass du den Schlüssel zur Lösung nicht in dir hast. Selbst, wenn du ihn nicht in dir hast, hat ihn jemand anders. Dann müssen wir uns auf die Suche nach dem „Schlüsselmeister“ machen.

Krisen sind auch nicht ausschließlich etwas, das uns von außen widerfährt – wir sind sogar ziemlich gut darin, diese Krisen selbst herauf zu beschwören. Zuerst versuchen wir, so manche Probleme unter den berüchtigten Teppich zu kehren, vielleicht sogar zu leugnen, dass sie da wären. Doch leider verschwinden sie nicht. Im Gegenteil, die Vergangenheit kann dich jederzeit wieder einholen und zu einer veritablen Krise mutieren.

Beispiel: Ich bin immer wieder erstaunt, wieviel Energie Menschen dafür aufwenden, die Krise als solche nicht anzunehmen, nicht zu akzeptieren. Ich selbst habe das ebenfalls erfolglos versucht. Was nicht sein darf, darf nicht sein.

Ich ahnte früh, dass ich im falschen Körper geboren bin. Doch dies auch zu akzeptieren, fiel mir weitaus schwerer. Ich machte jahrzehntelang das genaue Gegenteil der Akzeptanz. Ich verdrängte und wollte nicht wahrhaben. Immer wieder verdrängte ich diesen Wunsch der Veränderung. Es kostete mich Zeit, Energie und Nerven. In immer höheren Wellen jedoch schwappte die Erkenntnis in mein Bewusstsein, dass es so nicht weitergehen konnte. Die Deiche, die ich dazu immer höher baute, stürzten irgendwann in sich zusammen und mein innerer Drang war nicht mehr zu bezwingen. Die Kraft, die ich für den Deichbau eingesetzt habe, hätte ich so viel klüger investieren können.

Auch in meinem inneren Kampf war ich stets auf der Suche nach guter Literatur zu dem Thema Krise und Co. Eines dazu vorweg: Diese ganze „Denk positiv!“-Abteilung in der Ratgeberliteratur kannst du getrost in die Tonne kloppen. Glaub mir. Die Natur einer persönlichen Krise ist ja genau die, dass sie dir keine guten Gefühle vermittelt, weil sie dich an den Rand der Verzweiflung drängt.

Sich nur auf die Schokoladenseiten des Lebens zu konzentrieren, ist zwar ein netter Ansatz, setzt aber voraus, dass ich meine Gefühle, mein Denken, in einer Extremsituation unter Kontrolle habe. Wie wahrscheinlich ist das ohne Übung und Vorbereitung?

Diese Metapher über einen Blumengarten bringt die Situation mit Krisen in unserem Leben sehr schön auf den Punkt:

„Ein Mann beschloss, einen Blumengarten anzulegen. Er bereitete den Boden vor und pflanzte die Samen vieler wunderschöner Blumen ein. Doch als sie aufgingen, füllte sich sein Garten nicht nur mit seinen ausgewählten Blumen, sondern überall wucherte Löwenzahn. Er suchte Rat bei allen möglichen anderen Gärtnern und probierte alle bekannten Methoden aus, um den Löwenzahn loszuwerden, aber ohne Erfolg. Schließlich ging er den ganzen Weg bis zur Hauptstadt, um beim Hofgärtner am Palast vorzusprechen. Der weise alte Mann hatte schon viele Gärtner beraten und schlug eine Vielzahl von Mitteln vor, um den Löwenzahn auszurotten, aber der Mann hatte sie schon alle ausprobiert. Eine Weile saßen sie schweigend zusammen, bis am Ende der Gärtner den Mann anschaute und sagte:

„Nun, dann schlage ich vor, du lernst, den Löwenzahn zu lieben."

Ich ersetze an dieser Stelle Liebe mit Akzeptanz, dann passt es. Wir können natürlich unsere Energie darauf verwenden, Krisen auszuweichen, aber macht das Sinn? Die Natur der Krise erwischt uns immer auf dem falschen Fuß.

Eine Krise ist nicht schön, sie ist vielmehr ein Drama im Film namens Leben. Das Schöne daran – die meisten Krisen enden und danach ist das Leben meist anders als es zuvor war. Nicht zwangsläufig schöner und besser, aber definitiv anders. Die Erkenntnis, dass die Krise vielleicht auch ihre guten Seiten hatte, taucht womöglich erst viel später auf. Du kennst bestimmt diesen Satz: „Es hat halt so kommen müssen!".

Beispiel: Immer wieder arbeite ich mit Menschen, die von ihrem Partner/ihrer Partnerin verlassen worden sind. Oft sind Kinder mit im Spiel. Das Leid auf allen Seiten ist natürlich sehr groß bei solchen

Trennungen. Doch alle, die diese Krise als Herausforderung angenommen haben, kommen mehr oder minder zum selben Schluss nach einiger Zeit: Die Trennung war schon lange überfällig und so ist es besser für alle Seiten.

Besonders einprägsam war dabei die Geschichte einer Frau, wir nennen sie hier Andrea, die drei Kinder hatte und Hausfrau war. Andrea machte sich finanziell von ihrem Mann abhängig, da keine Notwendigkeit bestand, sich auf eigene, finanzielle Beine zu stellen. Es herrschte jahrelang die „klassische" Arbeitsteilung zu Hause. Er brachte das Geld nach Hause, sie kümmerte sich um den Haushalt und die Kindererziehung. Nicht viel anders als in Millionen anderen Haushalten. Eines Tages jedoch beschloss Andreas Mann, die Familie zu verlassen. Es traf sie wie aus heiterem Himmel. Später gestand sie mir, dass sie Anzeichen für eine Trennung einfach unter den Teppich kehrte. Plötzlich war sie allein mit drei Kindern, die sich nicht selbst versorgen konnten. Was kann man an diesem Punkt denn Gutes finden?

Eine ganze Menge, wie wir gleich sehen werden. Andrea und den Kindern wurde durch diese Trennung die Möglichkeit gegeben, über sich selbst hinauszuwachsen. Die Kinder, welche sich eher bedienen ließen im Haushalt, mussten nun mit anpacken, um alles „gewuppt" zu bekommen. Um ihrer Mutter noch mehr unter die Arme zu greifen, lernten sie das Kochen. Völlig aus eigenem Antrieb. Andrea wiederum suchte sich einen Job, der ihr das Leben sicherte. Von einer Kassiererin hat sie sich über die

Jahre zur Filialleiterin hochgearbeitet. Die Verlassenen konnten sich auf sich selbst verlassen, entdeckten eine neue Form der Solidarität, welche sie persönlich weiter- und einander nähergebracht haben. Ein beeindruckendes Beispiel von Krisenbewältigung, ja ich möchte fast sagen - Krisengestaltung!

Ich weiß, es ist ein schwacher Trost, wenn du aktuell deinen Lebenskrisen ausgesetzt bist. Kaum jemand ist mitten in der Krise und ruft: „Juhu!". Doch es gibt einen massiven Unterschied zwischen dem Vermeiden von Krisen aller Art und dem bewussten Durchleben dieser Lebensphasen. Wo Licht ist, ist auch Schatten und deshalb sag ich an dieser Stelle: „Krisen?Geil!"

Krisen auf dem Silbertablett

Mein Motto: „Krisen sind dazu da, gemeistert zu werden!“. Daran führt kein Weg vorbei. Krisen, egal wie negativ das Wort sich anhört, haben etwas durchaus Produktives an sich. Leider wird uns diese Produktivität selten auf dem Silbertablett serviert. Wir müssen danach suchen, zuweilen sogar tief danach graben.

An dieser Stelle möchte ich anmerken, dass ich keiner dieser Menschen bin, die in allem etwas Positives sehen. Auf gar keinen Fall. Gewisse Dinge im Leben sind einfach total überflüssig, energieraubend und zeitaufwändig. Mit dem Blick durch die rosarote Brille löse ich diese Dinge jedoch nicht. Falsches Positivdenken hat dazu geführt, dass ich jahrelang meine Neigungen ignorierte und mich selbst belog. Ganz nach dem Motto: Augen zu und durch. Auf das Lächeln nicht vergessen! Deshalb ist es wichtig, sich mit Menschen zu umgeben, die einem dabei helfen, dem Selbstbetrug keine Chance zu geben.

Der Business-Philosoph Niels Koschoreck hat dies sehr treffend formuliert, wie ich finde: „Die wichtigste Erkenntnis, wenn es um Problemlösung und Krisenbewältigung geht: Scheiße ist scheiße, egal, um welche Form der Scheiße es sich handelt!“

Ich denke, genau das ist der entscheidende Punkt - Krisen und Probleme werden nicht dadurch kleiner, dass ich sie verneine oder verniedliche. Nein, Krisen müssen so verarbeitet und durchlebt werden, wie sie sich darstellen.

Nehmen wir folgendes Szenario an: Dein Kontostand ist tiefrot. Die Zahlungen für den laufenden Monat sind noch nicht einmal geleistet. Vielleicht hat die Bank schon versucht, dich zu erreichen, weil dein Disporahmen gesprengt wurde.

Option 1: Jetzt könntest du sagen: „Kein Problem. Die paar tausend Euro kann ich locker auftreiben, wenn ich möchte. Ich borge sie mir einfach von einem Freund oder nehme einen Auftrag kurzfristig an. Solange der Strom noch nicht abgestellt ist, macht mich das doch nicht nervös“. Du könntest die ganze Situation herunterspielen und die Krise zu einem Problemchen degradieren.

Option 2: Du könntest die Situation übertreiben und in Panik verfallen. Angst ist fortan dein täglicher und dauernder Begleiter. Wegen jeder noch so kleinen finanziellen Ausgabe streitest du mit deinem Partner. Die Beziehung und das Familienleben wirkt mit jedem Tag angespannter.

Was fällt dir bei beiden Szenarien auf? Richtig, es wurde nichts getan, um die Situation auch nur irgendwie zu entschärfen oder eine Lösung herbei zu führen. Im ersten Fall verlagert sich das Problem einfach nur zeitlich nach hinten und wird damit täglich größer. Im zweiten Fall wurde die Krise noch größer gemacht, sodass normales Denken kaum mehr möglich ist und in der Panikzone agiert wird.

Wie wir wissen, ist die Panik ein schlechter Berater.

Weder der erste Weg noch der zweite Weg führt aus diesem finanziellen Desaster heraus.

Klüger wäre diese Variante: Du siehst dir an, wie hoch die finanziellen Verbindlichkeiten wirklich sind und welche noch auf dich zukommen könnten. Du machst eine Einnahmen- und Ausgabenrechnung, um einen Überblick zu erhalten. Weiters ist es ratsam, die Bank und eventuell andere Gläubiger anzurufen und sie zu informieren, wie du die Situation regeln willst.

Schonungslose Ehrlichkeit wird dein treuer Begleiter. Vor allem in Bezug auf dich selbst. Belüge dich nicht.

Sieh den Tatsachen ins Gesicht und handle, wenn dir die Tatsachen nicht passen. So einfach kann es sein. Wenn du glaubst, nicht handeln zu können, dann such dir Hilfe von außen. Hol dir einen „Geld-Coach“ ins Boot, der dir den richtigen Umgang mit

Geld beibringt. Noch einmal - du musst den Schlüssel zur Lösung deiner Probleme nicht haben. Du musst nur wissen, wo du ihn suchen kannst. Dies nimmt schon enorm viel Druck von dir, findest du nicht?

Du selbst kannst entscheiden, welchen Anstrich du deinem Leben gibst. Mir ist sehr wohl bewusst, dass du dich in solch einer Situation vermutlich in einer emotionalen Achterbahn befindest. Umso wichtiger ist es deshalb, genau an den Fähigkeiten zu arbeiten, welche deine Emotionen in eine produktive Bahn lenken. Du bist der Herr in deinem Haus und entscheidest über die Farbe des Anstriches. Niemand sonst.

Selbst ist die Frau/der Mann

„Das Leben passiert dir nicht bloß so,
es antwortet dir!“
(Unbekannt)

Diese Überschrift klingt eine wenig widersprüchlich zu den eben formulierten Absätzen. Schließlich habe ich ja gerade gesagt, dass du den Schlüssel zur Lösung nicht selbst in Händen halten musst. Dies ist auch der Fall. Was ich mit der Überschrift vielmehr meine, ist, dass du an deine Handlungskompetenz glauben musst. Du musst der Überzeugung sein, dass du etwas bewirken kannst an deinem eigenen Schicksal, egal wie schlimm es auch gerade aussieht in deinem Leben. Fehlt dir der Glaube an deine Selbstwirksamkeit, wird dir der Glaube an der Bewältigung deiner Krise fehlen. Selbstwirksamkeitserwartung ist also die subjektive Gewissheit, neue oder schwierige Anforderungssituationen, aufgrund eigener Kompetenzen bewältigen zu können. Es scheint auf der Hand zu liegen, dass Menschen sich mit Herausforderungen schwerer tun, wenn sie nicht von sich selbst überzeugt sind. Der amerikanische Großindustrielle Henry Ford, hat dies sehr schön gesagt: „Ob du denkst, du kannst es, oder du kannst es nicht: Du wirst auf jeden Fall recht behalten.“

Im Grunde sind es auch nie die Ereignisse selbst, die krisenhaft sind. Krisenhaft ist eine Situation erst nach Bewertung der Situation an sich („Wie gefährlich ist die Situation für mich?“) und der Bewertung der eigenen Handlungskompetenzen im Kontext der Situation („In welchem Ausmaß kann ich die Situation überhaupt beeinflussen?“).

Selbstwirksamkeit funktioniert wie eine selbsterfüllende Prophezeiung. Ein sehr anschauliches Beispiel für eine solche Prophezeiung liefert die Studie aus den 1960er Jahren von Robert Rosenthal und Lenore Jacobson.

1968 führten die amerikanischen Psychologen Experimente an US-Schulen durch. Dabei teilten Sie einigen Lehrern mit, dass sie aufgrund bisheriger, guter Leistungen im kommenden Schuljahr eine Klasse übernehmen dürften, die sich aus den intelligentesten, besten und eifrigsten Schülern zusammensetzt. Diese Informationen vermittelten sie auch den Schülern.

Am Ende des Schuljahres waren diese Klassen tatsächlich besser als alle anderen. Nicht nur ihre Noten waren wesentlich besser als der Durchschnitt, sogar der IQ der Schüler lag im Schnitt über 20 Punkte höher.

Das Ergebnis ist deshalb so bemerkenswert, weil die beiden Psychologen gelogen hatten. Die Klassen setzten sich überhaupt nicht aus den Besten zusammen, sondern bestanden aus einer reinen Zufallsauswahl. Weil aber die Schüler selbst glaubten, zu den Besten zu gehören, verhielten sie sich dementsprechend. Auch die Lehrer glaubten dies und so kam eine positive Leistungs- und Lernspirale in Gang.

Ich kenne aus meinem Arbeitsalltag den genau umgekehrten Fall. Einer meiner Trainerkollegen war mit seinem Job sehr unzufrieden und gab sich kaum Mühe, dies zu verstecken. An einem Montagmorgen kam er, kurz vor dem Kennenlernen seiner neuen Gruppe, in mein Büro und lies sich über die Teilnehmer aus. Er habe nur kurz in den Trainingssaal hineingesehen. Lauter negative, miesgelaunte und demotivierte Menschen säßen da drin. Es werden wirklich schlimme fünf Wochen werden, meinte er. Kurze Anmerkung: Er hat mit keinem Menschen gesprochen, sondern seine Erkenntnis speist sich aus zwei Sekunden, die er durch die Tür lugte. Jetzt frage ich dich: Wird er mit diesen Menschen erfolgreiche fünf Wochen verbringen oder nicht? Wenn jemand mit derart negativer Emotion in eine Situation geht, ist es fast egal, wie die zu unterrichtende Gruppe wirklich ist. Selbst, wenn 20 Erzengel vor ihm gesessen wären, hätte er noch etwas Negatives an ihnen gefunden (Flügel viel zu groß, zu weiß, zu voluminös, etc.).

Die Moral von der Geschichte: Nach zwei Wochen wurde mein Trainerkollege mit einem Magengeschwür ins Krankenhaus eingeliefert. Zu diesem Zeitpunkt hatten bereits 10 der 20 Teilnehmer ihr Handtuch geworfen und sind nicht mehr im Training erschienen. Eine Lose-Lose-Situation für alle Beteiligten.

Du siehst anhand dieser zwei Beispiele sehr schön, dass diese selbsterfüllende Prophezeiungen in bede Richtungen funktionieren können. Das Blöde dabei: Egal, wie du dich entscheidest, du hast immer recht, wie Henry Ford dies schon richtig sagte.

Dieser Punkt hat massive Auswirkungen auf unsere Lebensqualität. Dazu habe ich eine weitere, kleine Geschichte aus meinem Seminaralltag. Manchmal halte ich Trainings in einem Trainingszentrum, das in einem Schloss gebaut wurde. Das ist ein ziemlich bekanntes Seminarzentrum und deshalb gibt es dort viele Angestellte. Zwei sind mir da besonders in Erinnerung geblieben.

Auf der einen Seite war da ein Kellner, der nie die Miene verzog, wenn ich mit meinen Teilnehmern in den Speisesaal ging. Von Grüßen rede ich noch gar nicht. Auf jeden Fall wirkte er immer sehr griesgrämig und antwortete nur das absolute Minimum. Auf der anderen Seite war da eine Kellnerin, die immer ein Lächeln auf den Lippen hatte und nie um einen lustigen Spruch verlegen war. Es war relativ interessant, wenn man beide nebeneinander in Aktion sah. Bei ihm konnte man ahnen, dass er seinen Job nicht gern machte. Das strahlte aus jeder Pore seines Körpers. Dies hat Einfluss auf sein Gehabe und seine Interaktion mit den Kunden. Umgekehrt würde ich bei der Kellnerin nie auf die Idee kommen, anzuzweifeln, dass sie ihren Job nicht gern macht. In ihrem Umfeld fühlten wir uns einfach wohl. Die Auswirkungen ihres Denkens spüren beide natürlich in ihrem Trinkgeldbeutel.

Jetzt frage ich dich: Wer von beiden hat denn recht mit der jeweiligen Jobauffassung? Und genau hier ist der Knackpunkt: Beide haben recht. Sie hat recht, wenn sie ihren Job liebt. Sie bekommt Anerkennung und positives Feedback, welches ihre Meinung weiter bestärkt. Er hat recht, weil seine

Meinung auch bestätigt wird - in Form von negativem Feedback, in Form von wenig Trinkgeld, usw.

Deshalb ist es so wichtig, dass du dir die „richtigen" und „nützlichen" Gedanken über dich und dein Leben machst. Du wirst auf jeden Fall Recht behalten mit ihnen.

Das Konzept der Selbstwirksamkeitserwartung wurde in den 1970ern vom Psychologen Albert Bandura entwickelt. Diese spezielle Erwartungshaltung speist sich aus 4 Quellen:

1. Direkte Könnens-Erfahrung: Diese Quelle speist sich aus dem erfolgreichen Umgang mit Widerständen in deinem Leben. Hast du es in der Vergangenheit schon einmal geschafft, Hürden zu meistern, traust du dir das höchstwahrscheinlich wieder zu. Die Frustrationstoleranz steigt und die eigene Kompetenz wird nicht in Frage gestellt.

2. Die stellvertretende Erfahrung: Hier haben andere Personen Herausforderungen gemeistert und du lässt dich inspirieren von ihnen. Je größer die identifizierte Ähnlichkeit, desto mehr Inspiration möglich. Funktioniert leider auch im umgekehrten Falle.

3. Verbale Unterstützung: Diese Quelle schöpft ihre Kraft aus Feedbacks mit dem Umfeld und lösungsorientierter Interaktion. Wie das Beispiel mit der „begabten" Klasse eindrucksvoll gezeigt hat, wirkt motivierende Kommunikation „Wunder".

4. Befindlichkeit: Physiologische Reaktionen auf neue Situationen (zum Beispiel: Schweißausbrüche, zitternde Hände, Frösteln, etc.) haben Auswirkungen auf die Selbstwirksamkeitserwartung. Menschen, die es schaffen, ihre Stressreaktionen zu minimieren, können klarere Gedanken fassen und Stresssituationen besser meistern.

Die vier Quellen zeigen sehr anschaulich, an welchen Schrauben wir drehen müssen, um krisenfitter zu werden. Wohlgemerkt müssen wir dies vor der nächsten, veritablen Krise machen. Schließlich ist es suboptimal, wenn du das Schwimmen in dem Moment lernst, wo du hilflos auf einen Wasserfall zutreibst.

Der deutsche Krisenpsychologe, Wolfgang Pieper, hat dies sehr schön auf den Punkt gebracht: „Wir müssen unsere Widerstandskräfte in Zeiten der Ruhe stärken, um bei plötzlicher Gefahr gewappnet zu sein. Nur so können wir den Überraschungseffekt und damit die Gefahr der Hilflosigkeit in einer Krisensituation minimieren.“[20].

Kontrollgier

„Wenn ich loslasse, was ich bin,
werde ich, was ich sein könnte.
Wenn ich loslasse, was ich habe,
bekomme ich was ich brauche."
(Laotse)

Wir krallen uns an vermeintliche Sicherheiten in unserem Leben. Der Job, die Familie, die eigene Identität, whatever. Wir gehen von der Illusion aus, dass es ein vernünftiges Ziel in unserem Leben sein sollte, Dinge unter unserer Kontrolle zu haben. Vielleicht hast du ja Kinder und bist auch schon zu der Erkenntnis gekommen, dass du praktisch immer das Gegenteil deiner Intention erreichst. Je mehr Kraft du in die Kontrolle deiner Kinder investierst, desto mehr Kraft wird das Kind darin investieren, sich aus der Umklammerung zu lösen.

Einen traurigen Fall habe ich in meinem persönlichen Umfeld miterleben dürfen. Eltern, die sehr besorgt um die eigene Tochter waren, wollten stets das Beste für sie. Das Beste war jedoch nicht immer das Richtige für die Tochter. Alles wurde, im vermeintlich Besten für sie erledigt. Dies schränkte sie jedoch in ihrer Freiheit ein. Dies war einer der Gründe, weshalb sie sich selbst das Essen „entzog". Es war praktisch der letzte Bereich, den sie selbst beeinflussen konnte. Niemand konnte sie zwingen zu essen. So kam es, dass sie mit nur mehr 38 Kilogramm Lebendgewicht ins Krankenhaus eingeliefert wurde. Menschen kontrollieren zu wollen – auch zu ihrem vermeintlich eigenem Wohl – ist sehr gefährlich. Wie schon das Sprichwort sagt: „Das Gegenteil von gut ist gut gemeint!“.

Du siehst an diesem Punkt, dass es sinnlos ist, auf jeden und alles Kontrolle auszuüben. In der Partnerschaft von Menschen ist dies oft auch sehr anschaulich. Da wollen sich die Liebenden gegenseitig kontrollieren, koste es, was es wolle. Ein Grund ist oftmals die Angst davor, wieder alleine zu sein. Wenn dies sehr einseitig passiert, ist die Chance groß, dass der Partner tatsächlich das Weite sucht. Leider wäre das wieder eine selbsterfüllende Prophezeiung.

Man lernt selten aus solchen Erfahrungen, zumindest nichts Nützliches. Nützlich wäre es, sich selbst als vollkommen zu betrachten. Auch ohne Partner, der dies immer wieder bestätigen muss. Wir können nichts und niemanden kontrollieren. Nicht einmal uns selbst, in vielen Situationen unseres Alltages. Hast du schon einmal eine Person im Straßenverkehr beobachtet, der die Vorfahrt genommen wurde? Da kannst du den Kontrollverlust leicht beobachten, vielleicht sogar an dir selbst ...

Die gegenwärtigen Zeiten haben jedoch etwas Eigenartiges an sich. Umbrüche, Krisen überall und dauernd. Verwundert es da, für sich selbst einen Hort der Kontrolle und Sicherheit zu erschaffen? Es verwundert natürlich nicht, ist jedoch hochgradig unproduktiv und sogar schädigend im Umgang mit Krisen, wie der Krisenpsychologe Pieper erläutert:

„Der Irrglaube, alles planen und beeinflussen zu können, also letztlich die Kontrolle über das eigene Schicksal zu haben, macht das Annehmen einer Katastrophe oder eines schweren Schlages oft unmöglich.“ [21].

Ich selbst war ja in meinem Leben eine Meisterin des Festhaltens an Konventionen und Glaubenssätzen. Erst nachdem ich mich als den Menschen akzeptierte – und andere Bilder losließ – der ich tatsächlich war, konnte ich mein volles Potential ausschöpfen und zu der Person werden, die ich jetzt bin. Die ganzen Fragen, die ich mir mein ganzes Leben lang stellte, waren nur Scheinfragen und halfen mir keinen Deut beim Lösen meines Problems. Im Gegenteil.

Folgende Fragen waren der wahre Dorn in meiner Wunde:

- Warum gerade ich?
- Warum ist die Welt zu unfair zu mir?
- Weshalb bin ich so ein Unglückspilz?

Sehr destruktive Fragen, auf die es natürlich gar keine sinnvolle Antwort geben kann. Ähnlich wie meine Fragen rund um das Buchthema, die ich dir schon mitgeteilt habe. Sie führen unweigerlich in eine passive Opferrolle, obgleich wir eigentlich Kontrolle anstreben, geben wir sie an diesen Stellen des Lebens gerne aus der Hand und übertragen sie irgendeiner übergeordneten Macht.

Der Moment, in welchem ich erkannte und akzeptierte, eine Frau sein zu wollen, änderte alles. Es viel so viel Ballast von meiner Brust. Eine Entscheidung war gefallen. Ich ließ die Idee los, ein Mann sein zu müssen. Dieser Gedanke hat mir so viel Energie abverlangt. Es war wie eine Wiedergeburt. Loslassen von alten und gleichzeitig Zulassen von neuen Gedanken war der Schlüssel für meine Veränderung zum Positiven.

Die nun folgende Geschichte zeigt sehr schön, wie Krisen uns in unserer Entwicklung helfen können:

„Es war einmal vor langer Zeit, als ein reicher Kaufmann die große Wüste bereiste, um in den umliegenden Dörfern sein Geschäft voranzutreiben. Eines Tages war er seit langem zum ersten Mal erfolglos. Er hatte es bei aller Mühe nicht geschafft, für seine Waren den von ihm gewünschten Preis zu erhalten. Nur mit Verlust konnte er überhaupt etwas verkaufen. Das machte ihn so wütend, dass er allein in die Nacht hinauslief. Er durchstreifte die Oase und fluchte, was das Zeug hielt Als seine Wut am stärksten in ihm aufflammte, als sie schier nicht mehr zu bändigen war, griff er einen großen Stein und schleuderte ihn mit aller Macht auf eine junge Palmenpflanze.

Da lag sie nun, die junge Palme. Nicht einmal richtig erwachsen und schon von einem so großen Stein erschlagen. Sie war unschuldig und sie konnte nichts für das Unglück des Kaufmanns, nichtsdestotrotz schien es mit ihr vorbei zu sein, begraben von einem Stein.

Als der Tag kam und die Sonne die Luft erwärmte, bemerkte die kleine Palme, dass sie trotz allem noch mit einem einzigen Blatt an die Sonne kam. Und sie beschloss, nicht aufzugeben. Mit diesem einem Blatt versuchte sie, soviel Licht wie möglich aufzunehmen. Doch es reichte nicht zum Überleben.

Also überlegte sie, ob Wasser ihr helfen würde und trieb ihre Wurzeln tief in die Erde der Oase. Bald, so hoffte sie, würde sie mehr Wasser aufnehmen können. Es war nicht leicht, es ging. Und schon bald bemerkte sie, dass ein weiteres Blatt unter dem Stein hervorkam. Langsam und beharrlich gelang es der kleinen Palme, mehr und mehr Energie zu bekommen. Es ging so weit, dass sie beschloss den Stein anzuheben und ungeachtet ihrer Last zu wachsen.

Da sie ihre Wurzeln inzwischen ganz tief in die Erde gebohrt hatte, bekam sie so viel Wasser, dass sie ungeahnte Kräfte entwickelte und eines Tages gelang es ihr, tatsächlich den Stein anzuheben. Gewöhnt an die Last, wuchs sie über die Jahre immer weiter und weiter, bis sie den Stein, den sie trug, sogar vergaß. Selbst als sie die größte der großen Palmen in der Oase erreicht hatte, wuchs sie immer weiter. Inzwischen hatten die Leute sogar angefangen, die Oase nach ihr zu benennen: „Die Oase mit der großen Palme" nannten sie sie, weil sie bereits von weitem die alles überragende Palme sahen und sich an ihr orientierten.

Eines Tages fegte ein Sandsturm von so ungeheurer Wucht durch die Wüste, dass alles, was at-

men konnte, verstummte. Und als der Sturm zu der Oase kam, riss er einige der Palmen einfach mit sich und auch die große Palme bog sich hart im Wind. Als der Wind noch stärker wurde, flog auch der Stein vom Haupt der Palme und landete ohne Schaden anzurichten auf den weichen Sand. Da erinnerte sich die große Palme an den Stein, den sie so lange getragen und inzwischen ganz vergessen hatte. Und plötzlich wurde ihr bewusst, dass sie ohne diese Last nie so groß und gerade gewachsen wäre."

Auch du musstest bestimmt durch die eine oder andere Krise in deinem Leben. Vielleicht denkst du hin und wieder an diese Geschichte, wenn du dich in der nächsten Krise befindest und alle Hoffnung aufgeben möchtest. Der „Trick" der Pflanze war eben, den Gedanken an den Stein „loszulassen" und sich der Problemlösung anzunehmen.

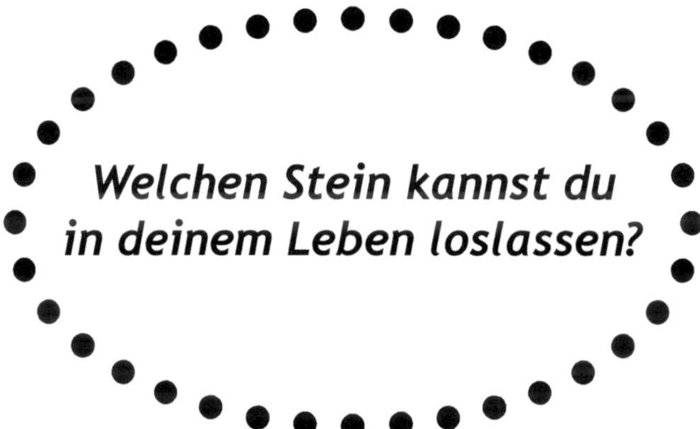

Reden, reden und nochmals reden

„Wer so spricht, daß er verstanden wird, spricht immer gut.“

(Molière, 1622 - 1673)

*I*ch habe bereits am Anfang des Buches gezeigt, dass es wichtig ist, sich im Austausch mit anderen Menschen zu befinden. Vor allem mit solchen Menschen, die Interesse zeigen und hilfreiches Feedback geben. Dazu benötigt jeder Mensch jedoch Vertrauen. Ohne Vertrauen wirst du nicht auf andere Menschen zugehen.

Es ist sowohl Selbstvertrauen als auch das Vertrauen ins Gegenüber wichtig.

Woher kommt nun dieses Vertrauen? Einerseits gibt es das Konzept des Urvertrauens (entwickelt vom Psychologen Erikson um 1950). Dieses Urvertrauen erwirbst du, oder eben auch nicht, bereits in einer sehr frühen Phase deines Lebens. Dafür verantwortlich sind die Bezugspersonen des Neugeborenen. Meistens Vater und Mutter, aber nicht notwendigerweise.

Wichtig ist der Aufbau einer liebevollen Beziehung des Babys mit seiner sozialen Umwelt. Dieses Urvertrauen ist die Basis dafür, dass wir uns selbst und der Welt als Ganzes vertrauen. Fehlt dieses Vertrauen oder wird es sehr früh erschüttert, gewinnt die Seite des Misstrauens. Dies hört sich ein wenig nach „Star Wars" an, zeigt jedoch, wie allgegenwärtig dieses Phänomen ist.

Es scheint auf der Hand zu liegen, dass Menschen, die das Gefühl des Vertrauens nicht erlebt haben, es sehr viel schwieriger haben, gesunde Beziehungen zur Umwelt aufzubauen. Nachdem unser Umfeld eine wertvolle Ressource bei der Bewältigung von Krisen darstellt, ist es mithin für sie auch schwieriger, Krisen zu bewältigen. Wenn man nicht ans Gute der Welt glaubt, ist das Erkennen von Sinn immer schwierig. Ohnmacht und Gefühle des Ausgeliefertseins scheinen wahrscheinlicher. Wenn dem so einfach wäre, dann hätten wir hier den Grund dafür gefunden, warum es resiliente und nicht resiliente Menschen gibt. Doch dieses Konzept allein ist zu wenig für das tieferliegende Verständnis. Vertrauen kann auch später noch aufgebaut werden zur Umwelt. Nämlich dann, wenn wir Solidarität erleben dürfen. Aus Solidarität kann durchaus Vertrauen wachsen.

Resilienz ist alles und nichts

Resilienz beschreibt dabei die Stärke mit Krisensituationen fertig zu werden. Resilienz kommt aus dem Lateinischen und bedeutet „abprallen“.

Doch genau das ist Resilienz in meinen Augen nicht. Wenn ich etwas abprallen lasse, dann wirft es mich zwar nicht aus der Bahn, doch was, wenn die Bahn selbst verschwindet? Und das tut sie oft in existentiellen Lebenskrisen. Insofern greift dieser Begriff zu kurz. Aktive Krisengestaltung jedoch arbeitet mit der Krise in einem Team.

Solch einen Prozess kann man sich wie das Steigen eines Drachen vorstellen. Wenn ich nicht vorbereitet bin, wird der Drache nicht steigen können - der Wind/die Krise prallt förmlich von mir ab. Habe ich Vorbereitungen getroffen und keine Löcher im Drachen, dann kann der Wind/die Krise mich tragen. Der Drache wird nicht zerstört, sondern der Wind hilft dabei, neue Ebenen zu erschließen. Und die Krisengestaltung wäre dann der nächste Schritt. Dies bedeutet, dass ich aktiv mit dem Wind/der Krise arbeite. Vom Boden aus, kann ich den Drachen lenken. Ich weiß zwar nicht, wann die nächste Böe kommt, doch ich bleibe manövrierfähig und kann den Drachen jederzeit neu und der Situation entsprechend ausrichten. Ich mache mir den Wind zunutze, er wird mein Teampartner.

In der Physik gibt es ebenfalls den Begriff der Resilienz. Dieser beschreibt die Eigenschaft eines Materials wieder in die ursprüngliche Form zurückzukehren, egal, welche Krafteinwirkung erfolgte. Auch diese Beschreibung hilft uns nicht wirklich weiter, denn nach existentiellen Lebenskrisen sind wir alles, nur nicht mehr der Mensch, der wir vor der Krise waren. **Schwere Krisen haben Auswirkungen auf unser Innerstes, auf den Kern unseres Wesens, auf unsere Grundannahmen.** Genau deshalb kann und sollen solche schwierigen Zeiten nicht an uns abprallen. Wie sollten wir sonst davon lernen und an den Krisen wachsen?

Vielleicht kennst du jemanden, der eine schwere Krankheit zu besiegen hatte. Vielleicht musste diese Person sogar um ihr Leben fürchten. Derjenige wird höchstwahrscheinlich fortan andere Prioritäten an den Tag legen als vor dem Auftreten der Krankheit.

Auch, wenn man es in dem Moment nicht gerne hört, aber Krisen spiegeln etwas zurück. Krisen zeigen, wo man eventuell einen blinden Fleck in der eigenen Wahrnehmung hat. Wie bei einem Boxkampf zeigt sie dir, wie gut deine Deckung funktioniert oder du an der Stelle überhaupt eine hast. Doch im Verlauf des „Kampfes“ - wenn es dir besser gefällt: „des Tanzes“ - wirst du besser. Du passt dich dem Gegner an, du entwickelst neue Strategien, um nur mit einem blauen Auge davonzukommen. Die Krise macht dich besser in manchen Teilbereichen. Wenn du jedoch das Handtuch wirfst, lernst du nichts.

Eine Ehekrise kommt zwar oft überraschend, doch in der darauffolgenden Reflexion kommen oftmals Bedingungen zu Tage, die das Szenario der Trennung bereits weit vor dem tatsächlichen Einschreiten angekündigt haben.

Gleiches gilt für den Jobverlust. Einer meiner Bekannten, Jonas, war sieben Jahre lang bei einem sehr angesehenen Unternehmen in sehr einflussreicher Position. Die Kündigung traf ihn aus heiterem Himmel. Nur dass der Himmel schon lange nicht mehr so heiter war, wie angenommen. Jonas hat das Gewitter einfach nicht wahrgenommen oder wahrhaben wollen. Einige Fehlinterpretationen später war es um seinen Arbeitsplatz geschehen. Jonas überhörte den einen oder anderen Kommentar von Seiten der Chefetage. Er überhörte auch so manchen, weisen Rat von seinen Kollegen.

Jonas sah sich in diesem renommierten Unternehmen sogar in Pension gehen. Umso schlimmer war für ihn, als er die Kündigung schlussendlich am Tisch hatte. Sein Lebenstraum war innerhalb weniger Sätze zerstört. Seine Ziele wurden innerhalb von wenigen Momenten ad acta gelegt.

Wenn ein Mensch in seinen existentiellen Grundfesten erschüttert wird, kann man nicht verlangen, dass es einfach so abprallt. Viel wichtiger ist es, dass die Menschen durch Krisen und Enttäuschungen innerlich nicht zerstört werden und aufgeben. Ein Abprallen würde dazu führen, sich nicht beeinflussen zu lassen. Doch genau darum geht es, wie wir bereits im „Drachenbeispiel“ gesehen haben.

Die Krise ist nicht nur ein lästiges Übel. Sie kann auch dafür sorgen, sich selbst und das eigene Leben besser zu reflektieren. Jonas, der den Job aus heiterem oder - besser gesagt - nicht so heiterem Himmel verloren hat, hat festgestellt, dass er verstärkt Kommunikationstrainings besuchen sollte, um besser „zwischen" den Zeilen lesen zu können.

Kurz nach diversen Kommunikationstrainings hat er einen Job ergattert, der sich noch näher an seinem Wohnort befand und der besser bezahlt war. Er arbeitet dort noch immer und ist mittlerweile froh über die damalige Kündigung, weil sie ihm - zwischen den Zeilen - Lernanlässe vermittelt hat.

Maxim Mankevich, einer der intelligentesten und belesensten unter den Speakern in Deutschland, sagt über sich selbst: „Hätte ich in meinem damaligen Job nicht die Kündigung erhalten, hätte ich mich von alleine nie auf den Weg gemacht." Obgleich wir Herr und Frau im eigenen Haus sind, bedarf es manchmal einen Schubs von außen, der uns in die richtige Richtung bewegt. Das Wahrnehmen solcher Zeichen ist eben wichtig.

Nur so nebenbei, Lernen ist nicht nur positiv besetzt. Oftmals müssen wir auch Dinge verlernen, um zu neuen Erkenntnissen zu kommen. Unter Umständen sogar liebgewonnene Glaubenssätze und Einstellungen, die uns unser ganzes Leben begleitet haben, jedoch von einem zum anderen Moment ihre Gültigkeit verlieren. Das schmerzt ungemein und ist in den seltensten Fällen freiwilliger Natur.

Überall, wo wir mit unseren Denk- und Handlungsmustern nicht mehr weiterwissen – weil wir es bis dato nicht brauchten – geben wir der Krise die Chance, das Heft in die Hand zu nehmen. Dann sind wir lediglich Spielball in einem Spiel, an welchem wir nicht bewusst teilnehmen. Der Trick ist es, die Kraft, die auf uns einwirkt, produktiv und sinnvoll zu nutzen!

Damit uns dies gelingen kann, wurde das 7-Säulenmodell der Resilienz entwickelt, welches ich im Folgenden darstellen und mit meinen eigenen Gedanken ergänzen möchte. Es gilt als das Basismodell, wenn es um Krisenbewältigung und Krisengestaltung geht.

Das 7-Säulen-Modell der Resilienz

Wie ich bereits beschrieben habe, geht es für mich in meiner Arbeit eher um die aktive Krisengestaltung, denn um die eher passive Art der Krisenbewältigung.

Ich stelle mir bloße Krisenbewältigung immer so vor, wie wenn du eine Decke über ein Feuer ausbreitest, um es zu löschen. Erstens kann die Decke selbst zu brennen beginnen und zweitens können immer wieder scheinbar gelöschte Stellen wieder zu flackern beginnen, bis dann die Feuerwehr kommen muss, um zu löschen. Vielleicht sind dann jedoch schon viele Dinge kaputtgegangen in dir. Außerdem fehlt mir bei der Krisenbewältigung der Lerneffekt, den du aus der Krise ziehen kannst. Lebenskrisen können dich massiv weiterentwickeln, wenn du die richtigen Schlussfolgerungen ziehst und die richtigen Vorkehrungen triffst.

Ich verstehe unter Resilienz die Fähigkeit, an existentiellen Lebenskrisen nicht zugrunde zu gehen und die Entwicklungspotenziale zu identifizieren, welche in solchen Situationen stecken. Resilienz ist nicht eine Fähigkeit, sondern sie ist das Ergebnis verschiedener Ressourcen, die dabei helfen, schwierige Phasen im Leben gut zu bestreiten.

Manchen Menschen ist diese Fähigkeit angeboren, jedoch alle Menschen können sie lernen. Die Forschung hat sieben Resilienzfaktoren festgestellt, die du trainieren solltest, wenn du ein „Stehauf-Männchen oder Weibchen“ werden willst.

Optimismus

„Wer Pech knetet, klebt seine eigenen Hände zusammen“, wusste schon der gute Johann Wolfgang von Goethe. Die Wissenschaft hat festgestellt, dass eine gesunde Portion Optimismus die beste Medizin in schwierigen Zeiten ist.

Dies ist auch relativ naheliegend. Schließlich ist es einleuchtend, dass ein guter Schuss Optimismus eher zum Handeln verleitet als praktizierter Pessimismus. Wenn du an eine Lösung deiner Probleme oder an einen tieferliegenden Sinn dahinter glaubst, bist du eher dazu geneigt, Handlungen zu setzen als wenn das Gegenteil der Fall wäre. Auch der Glaube an das Gute im Menschen kann Wunder bewirken und ist eine Form dieses lebensbejahenden Optimismus, von dem ich spreche. Wer nur Böses um sich vermutet, wird dementsprechende Handlungen setzen oder eben nicht. Eine großartige Chance nicht zu ergreifen ist ebenso töricht, wie in allem eine großartige Chance zu sehen und Kopf und Kragen zu riskieren.

Deshalb dürfen wir Optimismus nicht mit Naivität oder Gutgläubigkeit verwechseln. Diese wiederum würde eher ins denn aus dem Verderben führen. Misstrauen in alles und jeden ist tendenziell krisenfördernd und -verlängernd. Wenn du niemandem traust, wird dein Leben zur Hölle, zum Dauerkrisenherd.

Leider wird - gerade in unseren Breiten und Längengraden - relativ früh dafür gesorgt, dass das Leben einem prinzipiell feindlich gesinnt ist. Vielleicht kennst du auch folgende Redewendungen:

- „Das Leben ist kein Ponyhof"
- „Das Leben ist kein Wunschkonzert"
- „Was Hänschen nicht lernt, lernt Hans nimmermehr"
- „Der Klügere gibt nach"
- „Geben ist seliger denn Nehmen"
- „Müßiggang ist aller Laster Anfang"
- „Neid ist die ehrlichste Form der Anerkennung"
- „Rache ist süß"
- „Was ich denk' und tu, trau' ich auch andern zu"
- „Ein Indianer kennt keinen Schmerz" - du kennst mit Sicherheit noch weitere Beispiele aus deiner Kindheit oder erwischst dich, wenn du selbst solche Weisheiten vom Stapel lässt ...

Das ist natürlich nur ein kleiner Auszug an Redewendungen und Sprichwörter, die eigentlich relativ harmlos daherkommen. Das Harmlose macht sie gleichzeitig so gefährlich. Kleine Pillen werden wesentlich leichter geschluckt als die großen Sorten und das von Kindesbeinen an. Diese mitgelieferten Glaubenssätze nisten sich in unser Unterbewusstsein ein und erfahren bei jeder Enttäuschung eine Bestätigung. So lange, bis daraus eine unüberwindbare Glaubenshürde wird, die gar nicht mehr hinterfragt werden kann, weil sie als Realität akzeptiert wird.

Tatsächlich nimmt daher die Enttarnung der gut versteckten Glaubenssätze eine wichtige Stellung in meinen Coachings und Seminaren ein. Ein Feuerritual dient dazu loszulassen, abzugeben um damit den Weg frei zu machen um Transformation möglich zu machen oder zu beschleunigen. Du kannst Dinge, Situationen, Energien loslassen, die du nicht mehr brauchst und die dich in deiner Entwicklung, in deinem Leben bremsen oder hindern. Das Feuerritual ist besonders gut geeignet um Vergangenes gehen zu lassen. Durch das Verbrennen von geschriebenen Worten Briefen, Dokumenten, Fotos oder Gegenständen, können wir uns z.B. von Situationen, Menschen, Mustern oder Glaubenssätzen energetisch lösen. Das kann wichtig sein, um „frei“ und bereit zu werden für neue Wege und Projekte in deinem Leben.

Dazu eine kleine Geschichte, welche ich im Winter 2017 in meiner Nachbarschaft wahrnahm. Ein kleines Mädchen, keine sieben Jahre alt, stand mit seiner Großmutter in der Einfahrt ihres Hauses. Das Kind sagte zur Großmutter, dass es gerne ein

Iglu bauen wolle. Die Großmutter entgegnete nur: „Das schaffst du nie. Dafür brauchst du viel zu lange. Es ist gar nicht genug Schnee hier im Garten, dass das funktionieren könnte“.
Das Mädchen antwortete: „Ich will es aber!“.

Beeindruckt von ihrer Courage ging ich mit Max, dem Hund eines Mitbewohners, eine kleine Runde und kam circa eine Stunde später wieder an der besagten Einfahrt vorbei. Siehe da - das Mädchen hat sich durchgesetzt und einen Iglu-Haufen zustande gebracht. Dazu hat sie von allen Winkeln ihres Gartens den Schnee zusammengekratzt. Sie wirkte müde, aber glücklich. Die Großmutter sagte kein Wort ...

Dieses Beispiel gefällt mir sehr gut. Das Mädchen legte Courage, Einsatzwillen und Optimismus an den Tag. Ich denke, Kinder sind weitaus optimistischer als wir Erwachsene. Nicht, weil Kindern häufiger etwas gelingt, sogar das Gegenteil scheint der Fall zu sein. Doch sie versuchen es in der Regel weiter, weil sie - noch - an das Gute in der Welt, an das Gute, an die Wirksamkeit ihres Handelns glauben. Rückschläge können sie besser wegstecken als wir Erwachsene. Zweifel sind nicht an der Tagesordnung.

Es scheint tatsächlich so, als ob wir Erziehungsberechtigte und das soziale Umfeld den Pessimismus der nächsten Generation weiterreichen. Wobei ich an dieser Stelle festhalten möchte, dass grenzenloser Pessimismus gleich schädlich sein kann wie grenzenloser Optimismus. Ersterer verleitet dazu, überhaupt nicht ins Handeln zu kommen. Wohingegen Zweiterer dazu verleitet, sich überhaupt nicht über Risiken Gedanken zu machen und einfach blind agiert, weil schon alles gutgehen wird.

Es gibt sogar wissenschaftliche Studien, die zum Ergebnis kommen, dass ein gewisses Maß an Pessimismus langfristig das Wohlbefinden fördern kann.[22].

Diese Studie von Cheng und Kollegen befragte 200 über 60-Jährige nach ihren Erwartungen, ihre Gesundheit betreffend. Diejenigen, die pessimistisch waren, kümmerten sich eher proaktiv um das eigene Wohlbefinden. Sie trafen Vorkehrungen, die sich langfristig tatsächlich positiv auf den Gesundheitszustand auswirken konnte. Ähnlich versuchte ich dies weiter oben mit der Krisenvorbereitung zu argumentieren. Wenn wir uns direkt im Triathlon für einen Triathlon vorbereiten, wird das höchstwahrscheinlich in die Hose gehen.

Wohingegen es einen Unterschied macht, ob du dich in einer Krise befindest oder nicht. Die Forschungen von Shelley Taylor aus dem Jahr 2000 legen nahe, dass in der akuten Krankheits- oder Krisensituation es sehr wohl einen positiven Unterschied macht, wenn du optimistisch an diese Herausforderung herangehst. Konkret untersuchten sie und ihr Forschungsteam HIV-infizierte Männer, die sich hinsichtlich ihres Gemütszustandes unterschieden. Diejenigen, die sich der Krankheit zuversichtlich entgegenstellten, blieben gesünder als Erkrankte mit einer negativen Grundeinstellung.[23][24].

! ***Mein Tipp: Vor existenziellen Lebenskrisen solltest du moderat pessimistisch sein, um Vorkehrungen zu treffen. In einer Krise solltest du Optimismus walten lassen.***

Hier meine Coachingfragen zu dem Thema:

- Würdest du dich als optimistischen oder als pessimistischen Menschen bezeichnen?
- Was kannst du tun, um optimistischer zu denken?
- Was kannst du tun, um pessimistischer zu denken?
- Für welche Elemente in deinem Leben bist du dankbar?
- Für welche Elemente in deinem Leben bist du undankbar?

....

....

....

....

....

....

....

....

....

Beziehungen und Kommunikation

„Der wirkliche Reichtum eines Menschen ist der Reichtum seiner wirklichen Beziehungen.“ - Kaum jemand hat den Wert von menschlichen Beziehungen schöner formuliert als der deutsche Philosoph Karl Marx. Die Wichtigkeit von der Beziehung zu anderen Menschen ist nicht erst seit Begründung der Kommunikationsforschung bekannt, wenn wir uns folgendes Zitat aus dem 19. Jahrhundert vor Augen führen: „Wer sich heutzutage durchsetzen will, muß Beziehungen haben“ Honoré de Balzac (1799 - 1850).

Beim Thema Krisengestaltung geht es jedoch gar nicht ums Durchsetzen, sondern vielmehr darum, eingebettet zu sein in einen sozialen Kontext. Das kann die Familie sein. Das kann aber genauso gut ein Netzwerk aus Freunden, Vereins- oder Arbeitskollegen sein. Nicht jedem ist es vergönnt, von Haus aus ein Familiennetzwerk zu haben.

Dass gute Kommunikation sogar auf die Gesundheit große Auswirkung haben kann, zeigt diese Geschichte:

Als 1945 der Zweite Weltkrieg endete, lag Europa in Trümmern und es gab viele Waisenkinder. Die Schweiz entsandte Spezialisten und Helfer aus, um zu klären, wie man ihnen am besten helfen könnte. Darunter befand sich ein Arzt, welcher wissenschaftliche Aufzeichnungen machen sollte. Er bereiste ganz Europa und stieß dabei auf unterschiedliche Situationen. Mancherorts gab es amerikanische Feldhospitäler, in denen die Säuglinge in rostfreien Stahlkrippen lagen, wo Hygiene ganz besonders großgeschrieben wurde. Darüber hinaus gab es alle vier Stunden ein mit Vitaminen angereichertes Milchpulver.

Andernorts wurden die Kleinkinder in ein entlegenes Bergdorf gekarrt und den Dorfbewohnern überlassen. Zu dieser Zeit herrschten Grippeepidemien und Durchfallerkrankungen, sodass der Arzt vor allem die Sterblichkeitsrate der Waisenkinder im Auge hielt.

Er machte eine überraschende Entdeckung: Den Kindern in den unhygienischen Dörfern ging es weitaus besser als den hygienisch umsorgten Kindern in den Feldspitälern. Seine Schlussfolgerung war klar: Kinder brauchen, um gesund zu leben, Anregung und (zärtliche) Kommunikation. So wurde 1945 das erste Mal wissenschaftlich belegt, dass Kinder menschlichen Kontakt und Zuneigung benötigen, um zu überleben.[25].

Ein grausamer Versuch, die Ursprache des Menschen herauszufinden, wird Friedrich II. von Hohenstaufen (1194 bis 1250, römischer Kaiser, deutscher König, König von Jerusalem und Sizilien) zugeschrieben. Er wollte durch dieses Experiment mit Kindern herausfinden, welches die Ursprache des Menschen sei. Deshalb ließ er einige neugeborene Kinder ihren Müttern wegnehmen und an Ammen übergeben. Sie sollten den Kindern lediglich Milch geben, sie baden und waschen, aber keinesfalls mit ihnen liebkosen und zu ihnen sprechen.

Kurzum, für die Hygiene und die Ernährung war gesorgt, emotionale Bindungen sollten auf keinen Fall aufgebaut werden. Friedrich der II. wollte nämlich untersuchen, ob sie (nach ihrem Heranwachsen) die hebräische Sprache sprächen, die älteste, oder die griechische oder die lateinische oder die arabische oder aber die Sprache ihrer Eltern, die sie hervorgebracht hätten. Aber er mühte sich umsonst, weil alle Kinder starben. Ohne Kommunikation sind wir Menschen nicht lebensfähig. Wir brauchen sie wie die Pflanzen das Licht. Um in dieser Pflanzenmetapher zu bleiben und den Bogen zu unserem Thema zu schlagen - gute Kommunikation ist wie Dünger, der unsere Wurzel, Blätter und Stämme stärker werden lässt. Dann kann auch ein noch so starker Sturm kommen - wir werden nicht entwurzelt.

Das gilt nicht nur bei individuellen, menschlichen Katastrophen, sondern auch bei gesellschaftlichen Katastrophen, wie einem Weltkrieg. Verschiedenste Berichte und historische Forschungen zeigen, dass selbst, wenn es an Nahrung, Energie und Sicherheit knapp war im Krisenfall, es den Menschen nicht unbedingt schlecht ging. Sie fühlten sich „verwurzelt“ in der Gemeinschaft. Sie halfen einander, unterstützten sich. Sie brauchten sich. Ein Gefühl der Solidarität nährte ihre Zuversicht und ließ die Dinge viel positiver erscheinen, als es, aufgrund der bescheidenen Bedingungen, eigentlich sein konnte.

Umso tragischer sind Geschichten, wie die nun folgende. In meinen Trainings versuche ich diesen

Glaubenssätzen auf die Spur zu kommen, indem ich folgende Frage stelle:

„Wenn ihr eurer Nachwelt einen Satz hinterlassen könntet – welcher wäre das? Welches Wissen, das ihr in eurem Leben erworben habt, muss unbedingt weitergegeben werden?“

Da kommen in der Regel relativ spannende Antworten zutage. Eine Antwort hat mich jedoch so erschüttert, dass ich dir gerne davon erzählen möchte. Ein sehr junger Mann – um die 22 – antwortete auf meine Frage mit folgender Antwort: „Alle Menschen sind Idioten“.

Natürlich sorgte diese Antwort im ersten Moment für Gelächter bei den Anwesenden. Doch ich ließ mich davon nicht ablenken. Meine Augen blieben auf den jungen Mann gerichtet. Der verzog keine Miene nach der Antwort. Er meinte sie ernst. Ich erschrak förmlich. Weshalb? Wenn das Vertrauen in die Menschheit, in das soziale Netzwerk, sofern es eines gibt, dermaßen erschüttert ist, was ist diesem Menschen widerfahren? Welche Menge an Enttäuschungen im zwischenmenschlichen Bereich musste er wohl ertragen, dass er diese Meinung freiwillig preisgab? Was bedeutet diese Antwort und diese Meinung eigentlich für seine Zukunft?

Resilienzfähig musst du nicht alleine sein. Das ist ein großer Irrglaube auf diesem Gebiet. Im Gegenteil – durch deine Einbettung in ein soziales Netzwerk bekommst du Krisenrobustheit. Es ist das Gebrauchtwerden von anderen, welches vielen Krisengebeutelten die Krisengestaltung erst ermöglichte. Nicht das Bemitleiden. Dieses verstärkt eher die Opferhaltung, wohingegen das Gebrauchtwerden von anderen - die eigene Nützlichkeit - dich in eine aktive Handlungsposition bringt. Wenn du dich beispielsweise bei einem Verein engagierst, kann es sein, dass auch noch ein Sinnkonzept mitgeliefert wird.

Durch die Möglichkeit, anderen eine Hilfe zu sein, erlebst du Sinn und Selbstwirksamkeit. Zwei mächtige Verbündete im Tanz mit der Krise!

Jetzt kommen manche Klienten zu mir und sagen:

- „Ich habe aber nicht das Glück, in eine große Familie reingeboren zu sein."
- „Ich habe den Kontakt zu meiner Familie abgebrochen."
- „Ich hatte kaum Zeit für Freunde bisher."
- „Netzwerken ist was für Business-Menschen."
- „Ich bin kein Mensch, mit dem man sich gern umgibt."
- „Ich halte nichts von anderen Menschen."

Auch hier wirken sehr starke Glaubenssätze, die es zu hinterfragen gilt. Fakt ist, dass Freundschaften, soziale Verbindungen - egal, ob privater oder beruflicher Natur - ein sehr wichtiger Resilienzfaktor darstellen.

Nachdem Vorbereitung die beste Möglichkeit ist, Krisengestaltung zu betreiben, solltest du dir folgende Fragen stellen:

- „Wie sehen meine bisher gelebten Beziehungen aus?"
- „Welches sind wichtige Menschen in meinem Leben?"
- „Wie kann ich dafür sorgen, mit diesen Menschen eine noch innigere Beziehung aufzubauen?"
- „Über welche Aktivitäten kann ich neue Menschen kennenlernen?"
- „Welche Möglichkeiten stehen mir zur Verfügung, die Gesellschaft positiv zu beeinflussen?"
- „Wofür würde ich mich gerne einsetzen?"
- „Welche Glaubenssätze haben mich bis dato daran gehindert, Menschen kennenzulernen?"

....

....

....

....

....

Beziehungs-Mind-Map

Eine interessante Übung in diesem Zusammenhang ist eine „Beziehungs-Mind-Map" aufzuzeichnen. Darin skizzierst du deine Verbindungen zu anderen Menschen.

Am besten ist es, wenn du ein A3 Blatt Papier nimmst und deinen Namen in die Mitte des Blattes schreibst. Um deinen Namen herum schreibst du Menschen, die dir nahestehen. Wahrscheinlich werden das Freunde und Familie sein. Jeder Name bekommt einen eigenen „Zweig".

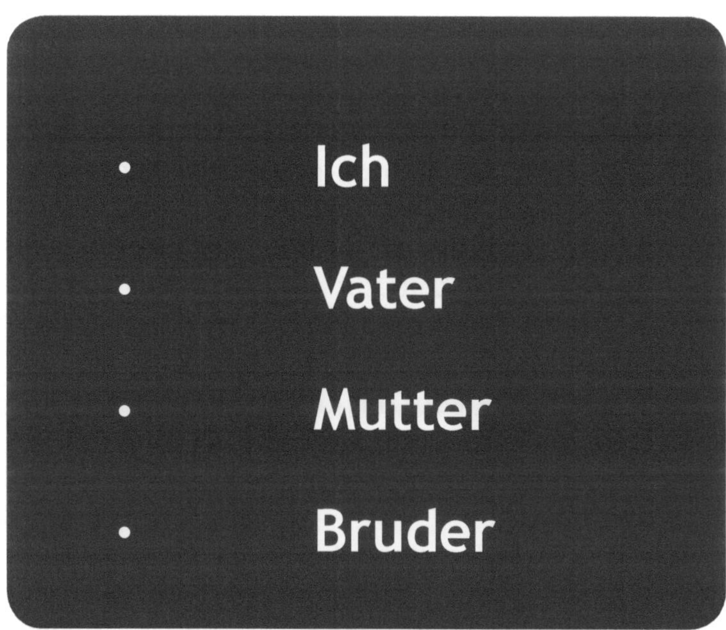

Dann kommt die nächste Ebene - vielleicht die der Freunde. Ich würde die Menschen, die dir nahestehen auch in die Nähe deines Namens schreiben. Alle, die dir emotional weiter weg erscheinen zeichnest du auch in größerer Entfernung von deinem Namen entfernt. Und so arbeitest du dich Schritt für Schritt Richtung Blattrand. Dann kommt vielleicht die Ebene der Arbeitskollegen oder der Vereinskollegen, etc.

Wichtig ist, dass du das Schritt für Schritt machst, um einen Einblick über deine Beziehungen zu haben. In der Praxis hat sich außerdem bewährt, dass du dir selbst Zeit gibst über mehrere Tage oder Wochen. Immer wieder wird dir jemand einfallen.

Wenn du für dich das Gefühl hast, dass die Zeichnung vollständig ist, dann markierst du bitte Menschen, mit denen du gern mehr Kontakt hättest. Am besten mit der Farbe Grün. Halte für dich schriftlich fest, weshalb du gern mehr Kontakt zu diesen Personen hättest und wie du dies anstellen kannst. Stell dir die Frage, weshalb die andere Person mehr Zeit mit dir verbringen sollte.

Außerdem markierst du die Personen, am besten in der Farbe Rot, mit denen du weniger Zeit verbringen möchtest und weshalb. Weshalb tut dir diese Person nicht gut?

Dies ist auch keine starre Form der Visualisierung deiner Beziehungen, sondern du hast Einfluss darauf, mit wem du dich umgibst. Möchtest du dich verstärkt mit Menschen umgeben, die dir guttun?

Dann handle danach. Es obliegt dir, mit wem du verstärkt Zeit verbringst und mit wem nicht. Sei dir jedoch über die Grundlagen deiner Entscheidungen bewusst.

Ziel ist es, Beziehungen zu pflegen, die aus Geben und Nehmen bestehen und die es dir ermöglichen, als Teil eines größeren Ganzen, auf möglichst viele Ressourcen zurückzugreifen. Egal, ob die Krise akut oder nicht akut ist.

Akzeptanz

Diese Säule der Resilienzfaktoren ist deshalb spannend, weil erst die Nichtverschleierung der Tatsachen und das „Nicht-Schönreden“ der Situation zu einer guten Einschätzung der Gegebenheiten führt. Dazu gibt es ein schönes Zitat, beziehungsweise ein Gebet, von Reinhold Niebuhr:

„Gott, gib mir die Gelassenheit,
Dinge hinzunehmen, die ich nicht ändern kann,
den Mut, Dinge zu ändern, die ich ändern kann,
und die Weisheit, das eine vom anderen
zu unterscheiden“.

Akzeptanz von Dingen ist bitte nicht gleichzusetzen mit Resignation. In Wirklichkeit ermöglicht das Akzeptieren von Dingen eine enorme Zeitersparnis. Dinge, Situation und Menschen, die du nicht ändern kannst, lass lieber so wie sie sind. Millionen Ehefrauen und Ehemänner können davon ein Lied singen.

Viel klüger ist es, sich in der Weisheit zu üben, auf welche Elemente in deinem Leben du wirklich Einfluss hast. Du kannst zwar deine Chefin und ihre Muster nicht ändern, aber die Art und Weise, wie du auf ihre Kommunikation reagierst, kannst du ändern.

Du könntest dich natürlich über das Verhalten deines Partners ärgern, oder erkennen, dass du vielleicht Teil dieses Verhaltensprozesses bist. Wenn du dein Denken und Verhalten änderst, kannst du aus dem Teufelskreis ausbrechen.

Beispiel: Der berühmte, österreichische Kommunikationsforscher, Paul Watzlawick, hat solch einen Teufelskreis sehr anschaulich dargestellt:

Die Ehefrau meckert, weil der Ehemann immer nach der Arbeit noch in seine Stammkneipe geht.

Der Ehemann gibt als Grund für das Fernbleiben die Meckerei seiner Ehefrau an. Wer hat Schuld? Wo ist der Anfang dieser Geschichte? Beide Beteiligten haben auf ihre Art und Weise Recht, weil sie die Realität anders interpretieren als das Gegenüber.

Schon Einstein wusste: „Wer gleiche Handlungen an den Tag legt, wird gleiche Ergebnisse zu Tage fördern“. Dazu gehört jedoch, dass die Ehefrau die Reaktion des Ehemannes akzeptiert und somit anerkennt. Mit der gleichen Reaktion wird sie das gleiche Ergebnis erhalten. Wenn ich immer Weizen sähe, werde ich Weizen ernten und keine Kürbisse. So einfach ist es und deshalb so schwierig.

Was könnte die Ehefrau machen, um aus dem Teufelskreis auszubrechen? Hast du Ideen?

Es gibt natürlich viele Wege, die nach Rom führen. Eine Möglichkeit wäre es, sein Verhalten zu akzeptieren und ein Verhalten an den Tag zu legen, mit dem er nicht rechnet.

· *Inspirationen*

· Beispielsweise könnte sie ihm viel Spaß beim Treffen mit seinen Freunden wünschen.
· Sie könnte fragen, ob sie mitgehen darf.
· Sie könnte sagen, dass es ihr sehr recht ist, wenn er ausgeht, dann könnte sie ihre Freunde einladen.
· Sie könnte sich entschuldigen für ihr Gemecker und den Mann dadurch aus der Fassung bringen.
· Sie könnte auch in eine Bar gehen (die gleiche oder eine andere).
· Sie könnte die Bar anzünden.
· Sie könnte die Beziehung beenden.
· Sie könnte ihm fünf Euro zustecken und darum bitten, dass er einen auf ihr Wohl mittrinken soll.
· Sie könnte ihn küssen, statt zu meckern.
· Sie könnte einen Blog ins Leben rufen, der über die Eskapaden ihres Mannes berichtet.
· Sie könnte sagen: „Cool endlich Mal wieder Ruhe, damit ich meine Unterwäsche durchprobieren kann - was noch passt".
· Sie besucht ihn in der Kneipe und kettet ihn per Eisenkette und Bügelschloss am Tresen fest. Den Schlüssel lässt sie zwischen ihren Brüsten verschwinden: „Ruf mich an, wenn du nach Hause möchtest."
· Sie spricht mit dem Wirt und anderen Stammgästen ab: Zehn Lokalrunden, wenn er sofort nach Hause kommt, noch eine, wenn er in weniger als einer Stunde wiederkommt, oder dazwischen fünf für eine halbe Stunde.
· Sie stellt einen Kasten Bier und eine ausgeliehene Ziege in die Küche und hängt dieser ein Schild um: „Küss mich, dann hört das Meckern auf."

Ich habe hier auf meinen Social-Media-Kanälen mein Netzwerk nach Möglichkeiten des Durchbrechens des Teufelskreises gefragt. Du siehst, manche Vorschläge waren konstruktiv, verblüffend einfach oder einfach auch destruktiv. Doch das Spannende ist die Fülle an Möglichkeiten, die uns in jeder Situation zur Verfügung stehen. Wir müssen uns nicht mit dem gewohnten Muster zufriedengeben, sondern können auch um die Ecke denken und eine völlig neue Perspektive einnehmen.

Selbstverständlich kann auch der Mann das Muster durchbrechen und ein neues Verhalten an den Tag legen.

Welche Möglichkeiten fallen dir spontan ein? Wie kann er dafür sorgen, dass sie zu meckern aufhört?

Liste spontan so viel Szenarien auf, die dir einfallen.

1.

2.

3.

4.

5.

Je öfter du in deinem Alltag stehenbleibst und laut „Stopp!“ rufst, desto eher hast du die Möglichkeit, aus deinen Mustern heraus zu treten. Dazu musst du jedoch die Gewohnheiten und typischen Strukturen annehmen und akzeptieren. Erst im zweiten Schritt kannst du sie hinterfragen und später auch ändern.

Wenn du ein Problem mit Alkohol - oder besser gesagt ohne - hast, musst du, bevor du handeln kannst, eingestehen und akzeptieren, dass du ein Alkoholiker bist. Wenn du jedoch dauernd nach Ausreden suchst, weshalb ein Schluck aus der „Pulle“ unbedingt notwendig ist, dann wird sich an der Situation nichts ändern. Im Gegenteil, sie wird Schritt für Schritt und Schluck um Schluck schlimmer, sodass eine Krisengestaltung kaum mehr möglich ist.

Viele Menschen wenden viel zu viel Zeit und Energie auf, die Dinge schön zu reden und sich zurecht zu biegen. Dadurch geht wertvolle Aktionszeit und -energie verloren, welche am anderen Ende fehlt.

Akzeptanz der Situation ist der Schlüssel, um ins produktive Handeln zu kommen. Dies hört sich im ersten Moment durchaus paradox an. Allerdings nur, wenn du Akzeptanz mit Resignation gleichsetzt.

Akzeptanz der Unbeeinflussbarkeit vieler Elemente in deinem Leben ermöglicht dir Abkürzungen und spart deine Energie für Dinge, die in deinem Einflussbereich liegen. Akzeptiere vor allem, dass du nicht allmächtig und allwissend bist.

Coachingfragen:

- Welche Dinge/Situationen in deinem Leben kannst du nicht ändern?
- In welche Dinge/Situationen/Menschen in deinem Leben investierst du zu viel Zeit und Energie?
- Wie würde sich dein Leben verbessern, wenn du deine Zeit und Energie nur mehr in Dinge investierst, die du beeinflussen kannst?
- Welche Dinge/Situationen/Menschen konntest du bis jetzt nicht akzeptieren?
- Was hindert dich daran, gewisse Dinge/Situationen/Menschen in ihrem Sein zu akzeptieren?
- Wie kannst du akzeptieren, ohne zu resignieren?

....

....

....

....

....

....

....

....

....

....

Lösungsorientierung

Bereits der berühmte amerikanische Unternehmer, Henry Ford, hat es schon gewusst: „Suche nicht nach Fehlern, suche nach Lösungen". Um nach der Akzeptanz der Lebenskrise nicht in die Resignation zu verfallen, ist die Hinwendung zu möglichen Lösungen enorm wichtig.

Dies wiederum setzt voraus, dass wir unsere Ressourcen kennen, aktivieren und gegebenenfalls neu bilden müssen. In unserem Netzwerk an Menschen können wir Hilfe suchen und nach Rat fragen.

Der Erfolg unseres Lebens hängt maßgeblich mit unseren Entscheidungen zusammen, hört man in der Coachingszene des Öfteren. Wenn du bereits einmal auf einem Seminar oder einem Workshop im Kommunikationsbereich warst, kennst du diesen Spruch vermutlich. Er ist auch alles andere als falsch. Er beginnt nur leider zu spät, erfasst das Problem nicht an seiner Wurzel.

Wie du bereits bemerkt hast, arbeite ich sehr stark mit Fragen in meinen Trainings. Es ist relativ simpel, weshalb ich das mache: Nicht die Entscheidungen allein führen uns zum Erfolg.

Es sind die richtigen Fragen, welche zu richtigen Entscheidungen führen, die uns schlussendlich erfolgreich machen.

Fragen führen zu Entscheidungen - produktiven oder unproduktiven - bezüglich deiner Handlungen. Daraus ergibt sich folgende Erfolgs- oder Misserfolgsspirale:

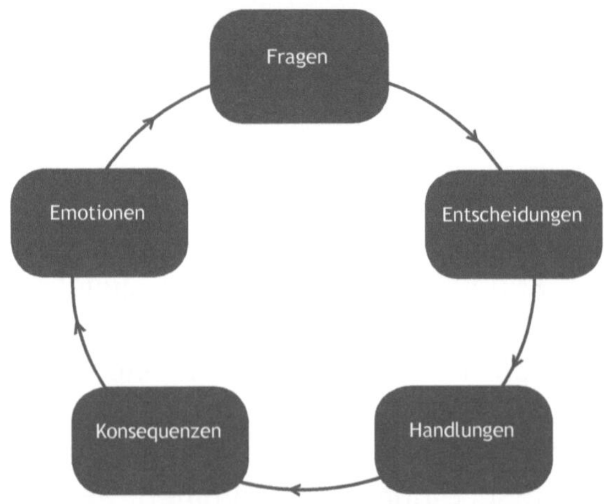

Das heißt, wenn du schlechte Fragen stellst, die dich ans Problem und damit an die Vergangenheit ketten, dann wirst du auf einer suboptimalen Basis Entscheidungen treffen. Dementsprechend werden deine Handlungen und die Ergebnisse ausfallen. Dies führt zu negativen Emotionen, die wiederum zu schlechteren Fragen führen. Et voila - der Teufelskreis hat begonnen und die Krisen verschärfen sich.

Stattdessen fokussierst du dich mit guten - weil produktiven - Fragen auf die Lösungen. Diese führen zu lösungsorientierten Entscheidungen, welche wiederum zu lösungsorientierten Handlungen und Ergebnissen führen.

Diese beeinflussen deine Gedanken positiv und du wirst neue, produktive Fragen stellen können.

Kommen wir zurück zu unserem Beispiel mit dem Ehepaar, um dies zu veranschaulichen. Die Ehefrau könnte sich auf die Ursachenforschung begeben und nach den Gründen seines Trinkverhaltens Ausschau halten. Sie könnte identifizieren, dass die Eltern schuld sind. Sie könnte herausfinden, dass sein Job schuld ist. Sie könnte herausfinden, dass sie mit ihrem Gemecker schuld ist und sie fühlt sich deshalb irrsinnig schuldig. Sie könnte feststellen, dass es nun mal so ist, wie es ist. Die Antworten, welche sie herausfindet, könnten sie zur Resignation bringen. Was hätte sich dann gebessert? Nichts!

Wenn sie jedoch beginnt, nach Lösungen zu suchen, erhält sie eine ganz andere Qualität von Antworten. Ihr Blick ist in die Zukunft und nicht in die Vergangenheit gerichtet. Wenn sie herausfindet, dass seine Eltern „schuld“ an dem Schlamassel sind, was würde das bringen? Ressourcenorientiertes Fragen hilft dabei, die Gedanken in die richtige Richtung zu leiten. Folgende Fragen wären von Nutzen:

- Wie kann ich ihn davon abhalten, in die Kneipe zu gehen?
- Wie kann ich dafür sorgen, dass er sich bei mir wohlfühlt?
- Wie kann ich für eine positive Stimmung sorgen?
- Wer kann mir kompetenten Rat zu dieser Sache geben?
- Was muss passieren, damit wir gemeinsam glücklich sind?

Die Ursache des Problems spielt hier keine Rolle. Die Frau konzentriert sich auf die Elemente, welche sie selbst beeinflussen kann und hadert nicht mit ihrem Schicksal. Dies ermöglicht es ihr, wirklich ihre Potentiale zu erkennen und freizusetzen.

Lösungsorientiertes Fragen führt zu lösungsorientiertem Denken. Problemzentriertes Fragen führt zu problemorientiertem Denken.

Coachingfragen:

- „Welche Gedanken hast dir schon über eine mögliche Lösung gemacht?"
- „Was hast du schon versucht, um deine Situation zu verbessern? Was hat funktioniert und weshalb?"
- „Welche Kompetenzen nutzt du in genau solchen schwierigen Situationen üblicherweise?"
- „Wann läuft es gut und hast du diese Sorgen und Probleme nicht?"
- „Was ist dann anders, als wenn es schlecht läuft?"
- „Wie vermeidest du, dass das Problem in dieser guten Phase auftritt?"
- „Was ist notwendig, damit ein reibungsloser Ablauf sichergestellt ist?"

- „Was muss passieren, damit diese gute Phase häufiger vorherrscht?“
- „Welche deiner Fähigkeiten sind hier besonders wertvoll?“
- „Welche ähnlichen Herausforderungen hast du in der Vergangenheit bereits bewältigt? Und wie?“
- „Woran liegt es, dass die Situation nicht noch schlimmer ist?“ (die Frage hast du schon kennengelernt)

....

....

....

....

....

....

....

....

....

....

....

....

Selbststeuerung

„Es ist besser, sich selbst zu erobern,
als 1000 Schlachten zu gewinnen.
Dann gehört der Sieg dir.
Er kann dir nicht mehr genommen werden,
nicht von Engeln oder Dämonen,
von Himmel oder Hölle."
(Buddha)

Dieses weise Zitat fällt mir im Zusammenhang mit Disziplin und Selbstkontrolle immer wieder ein. Schlussendlich ist Selbststeuerung der entscheidende Schlüssel im Kampf mit sich und den Umständen. Je besser du dich im Griff hast, desto weniger hat dich die Krise im Griff.

Dies bedeutet jedoch auch, dass du um die Wirkungsmechanismen in dir Bescheid weißt, dass du weißt, was dir guttut und was dir weniger guttut. Es ist eine Frage von Zielen und eine Frage der Überwindung von bloßen Reiz-Reaktionsmechanismen.

Was meine ich damit? Herausfordernde Situationen in unserem Leben haben die Eigenschaft, uns herauszufordern. Dieser Satz ist natürlich tautologisch und deshalb wahr. Doch genau hier liegt der Punkt: Krisen haben die Tendenz, uns aus unserer „Komfortzone" heraus zu manövrieren. Wenn wir uns jedoch außerhalb unserer Komfortzone bewegen, versagen unsere liebgewonnenen und erfolgreichen Handlungsmuster. Wenn ich mich nun nicht unter Kontrolle habe, weil mir der Weitblick (=mein eigentliches Ziel) fehlt, dann werden meine Handlungen impulsartig vonstatten gehen. Dies verschärft den Krisenzustand, was mich wiederum handlungsunfähiger macht, was wiederum die Krise verstärkt, etc. Der Krisenteufelskreis nimmt Fahrt auf und wird mit jeder Stufe schwieriger zu durchbrechen. Ich werde zum Spielball der Krise.

Zwei Elemente helfen, aus diesem Krisenkarussell auszusteigen:

1. Selbstreflexion

2. Überwindung von Reiz-Reaktionsmechanismen.

Du willst auf jeden Fall impulsartige Reaktionen vermeiden, da sie selten zielführend sind. Mit dem Wissen (=Selbstreflexion) über dich und dein Handeln, kannst du es schaffen, Situationen frühzeitig zu identifizieren, die dir die Kontrolle entreißen.

Manche Menschen müssen dies mühsam lernen, manchen Menschen scheint diese Fähigkeit in die Wiege gelegt worden zu sein. Ich kann mich noch sehr gut an eine Situation in meiner Kindheit erinnern. Ich muss an die zwei oder drei Jahre alt gewesen sein, weil es eine meiner ersten Erinnerungen überhaupt ist.

Ich war im Laufstall und mein Bruder befand sich außerhalb. Gerade war ich zugange mit meinem Lieblingsspielzeug, als er dazwischenfunkte und mir es aus den Händen riss. Die meisten Kinder würden an diesem Punkt wahrscheinlich bitterlich zu weinen beginnen. Ich jedoch schaute nur verdutzt und fokussierte mich schnell auf ein anderes Spielzeug, welches sich in meinem Laufstall befand und nahm es mit genau derselben Freude auf wie das Vorhergehende. Diese Reaktion sorgte in weiterer Folge dafür, dass mein Bruder mir immer seltener beim Spielen dazwischenfunkte, weil ihm das Ärgern kaum mehr Freude bereitete. Ich reagierte einfach nicht auf diese Machtspielchen, was zur Folge hatte, dass diese immer seltener ausgetragen wurden.

Die Wissenschaft hat zwischen Selbstkontrolle/ Selbstregulation und Erfolg beeindruckende Korrelationen festgestellt. Ein hohes Maß an Selbstkontrolle scheint ein guter Nährboden für berufliche und private Erfolge zu sein. Je ausgeprägter die Fähigkeit des Belohnungsaufschubs, desto besser. Und die beste Nachricht überhaupt an dieser Stelle: Jeder kann diese Fähigkeit lernen und kultivieren.[26]. Zumindest sagt dies der Psychologe Walter Mischel. Zwischen 1968 und 1974 führte Mischel in der universitätseigenen Kindertagesstätte seine legendären „Marshmallow-Experimente“ zum Belohnungsaufschub durch.

In diesen gewann Mischel das Vertrauen von Kindern und führte dann den Versuch durch. Er fragte, ob die Kinder ein Marshmallow gleich verzehren wollten, oder ob sie warten könnten, denn dann gäbe es derer zwei Stück. Die Kinder, die warten konnten, waren im späteren Leben – im Durchschnitt – auch

auch wesentlich erfolgreicher, als die Kinder, die das Marshmallow sofort aßen. Natürlich geht es nur um Durchschnittswerte, doch die Signifikanz war gegeben. Man kann also nicht auf die Ergebnisse einer Einzelperson, allein aufgrund des Belohnungsaufschubes, schließen. Dennoch scheint diese Fähigkeit zur Selbstkontrolle sehr förderlich für uns und unsere Zielerreichung zu sein. Die Langzeitstudie zeigte: Wer als Kind länger auf die Belohnung warten konnte, erreichte im Schnitt ein höheres Bildungsniveau, mied Drogen und hatte auch einen niedrigeren Body-Mass-Index.

Walter Mischel meint, dass die Fähigkeit zur Veränderung in jedem von uns steckt. Selbstkontrolle erlangt man am besten, wenn man sich genau definierte Ziele setzt.

- Folgendes Ziel wäre schlecht formuliert: „Ich möchte ab jetzt damit beginnen, Geld zu sparen!“
- Ein gut formuliertes Ziel: „Ich möchte am Ende des Monats 150 Euro, nach Abzug aller Ausgaben, zur Verfügung haben!“.

Ein weiterer wichtiger Punkt ist es, die negativen Spätfolgen im Moment „fühlbar“ zu machen. Für viele Menschen ist es schwer, sich in die Konsequenzen des eigenen, momentanen Handelns hinein zu versetzen. Deshalb „spulen“ sie ihre normalen Handlungsabläufe ab. Wenn es dir jedoch gelingt, dich emotional in die Zukunft zu versetzen, dann kannst du leichter, aus dem Krisenteufelskreis ausbrechen. Mach dir die negativen Konsequenzen deines Rauchens nicht nur mental klar, sondern vor allem emotional. Male sie in den negativsten Emotionsbildern aus und konkretisiere gleichsam deine Zielsetzung. Dies ermöglicht dir eine schrittweise Abkopplung aus gelernten Reiz-Reaktionsmechanismen.

Ein netter Nebeneffekt – du sparst dir durch eine gute Selbstkontrolle deine Energie für die wirklich wichtigen Krisen in deinem Leben an denen du wachsen kannst. Je mehr Energie du dafür bereit hast, desto besser für dich und deine Entwicklung.

Coachingfragen:

- Was ist das Ziel der Krise?
- Was ist mein Ziel mit der Krise?
- Welche meiner derzeitigen Handlungen haben negative Auswirkungen auf meine Zukunft?
- Welches sind meine typischen Impulsreaktionen?
- Welche Ziele habe ich im Leben?
- Welche Ziele habe ich verfolgt in meinem Leben?
- Wie konkret sind meine Lebensziele? Wie kann ich sie konkretisieren?

Verantwortung übernehmen

„Wer sich fürchtet, Verantwortung zu übernehmen, wird immer mehr der Willkür anderer preisgegeben, und muß zusehen, wie der größere Gewinn aus seinen Fähigkeiten Fremden zufließt.“
(Prentice Mulford)

Wir scheinen in einer Zeit zu leben, in welcher es sehr modern geworden ist, auf die Wichtigkeit von Eigenverantwortung hinzuweisen. In der Coaching- und Trainingsbranche gehört die Verantwortungsübernahme zum guten Ton. Damit kannst du als Erwachsenenbildungstrainer kaum was falsch machen. Genau bei solchen, oberflächlich klug erscheinenden Aussagen, bin ich immer etwas vorsichtig.

Was viele Menschen für gutheißen, muss deshalb nicht wahr sein.

Man kann dem kaum widersprechen. Weswegen eigentlich nicht? Ganz einfach, weil die Sätze über Verantwortung kaum Konsequenzen mitliefern. Gut, ich soll die Verantwortung für mein Leben übernehmen. Das hört sich sexy an, doch konkret weiß ich nicht, was zu tun ist. Es gibt selten Handlungsempfehlungen. Und Eigenverantwortung ohne Handeln ist ein mehr als sinnloses Unterfangen. Da hätte ich auch gleich die Verantwortung abgeben können. Es käme mehr oder minder dasselbe heraus.

Zuallererst muss einmal festgehalten werden, weshalb Verantwortungsübernahme überhaupt etwas Gutes für dich ist. Wenn du zum Beispiel „Bockmist“ fabriziert hast, dann ist es in erster Linie ja alles andere als gut für dich! In diesem Moment musst du jedoch an die kurzfristigen und langfristigen Konsequenzen denken. Es ist sehr ähnlich, wie im vorrangegangenen Kapitel gezeigt:

Kurzfristige Belohnung in Form von Verantwortungsabgabe ermöglicht es, dich kurzfristig aus der Schusslinie zu nehmen. Leider nimmst du dich langfristig damit aus dem Spiel - du wirst Stück für Stück handlungsunfähiger.

Die Verantwortung an jemand anders, an eine höhere Macht, Institution oder was auch immer, abzugeben, ist Selbstsabotage in mehreren Akten.

Aus einem Gespräch, welches sich so nebenbei in einem Lokal ergab, habe ich ein extremes und deshalb sehr anschauliches Beispiel zu dem Thema:

Es handelte sich um einen jungen, arbeitssuchenden Mann, der sich als Opfer des Arbeitsmarktes sah. Ich konnte mir auf den ersten Blick nicht erklären, weshalb er schon mehrere Jahre auf Arbeitssuche war, wie er selbst angab. Er meinte, sein Wohnort sei schuld an der Jobmisere. Er wohnte auf einem

Berg(-lein) und Auto hatte er keines. Er ist darauf angewiesen, dass ihn jemand abholt und zurückbringt zum Wohnort. Meine, leicht provokative Frage: Jetzt sind Sie schon mehrere Jahre zu Hause und bekommen keinen Job. Weshalb ziehen Sie nicht um? Antwort: Er könne es sich nicht leisten und für einen Job würde er nicht umziehen. Spätestens hier hätte ich die Unterhaltung auch abbrechen können ... doch so klug war ich nicht.

Stattdessen versuchte ich weitere Lösungsansätze zu vermitteln: Um flexibel zu sein, fragte ich, ob er sich nicht ein Rad besorgen kann, um vom Berg – es war kein Berg, sondern eine Anhöhe – herunter zu kommen.

Das ist eine gute Idee, meinte er, jedoch habe er kein Geld für ein Rad. Ich bot ihm an, ihm mein Rad zu schenken. Auf einmal war er gar nicht mehr glücklich mit dem Ansatz. Der Berg/die Anhöhe wäre mit dem Rad nicht schaffbar. Außerdem habe er Löcher in der Lunge. Meine darauffolgende Frage, ob er rauche, bejahte er.

Mein letzter Ansatz war, dass er unbedingt versuchen müsse, flexibel zu sein und auf ein Moped oder Mofa sparen solle. Dafür hätte er 200-300 Euro benötigt. Diese hatte er nicht. Verständlich. Dann ging ich Posten für Posten seiner Ausgaben mit ihm durch. Am Ende standen monatlich 150 (!) Euro Sparpotenzial. 50 Euro kostete ein Sky/Premiere-Abo und 100 Euro machte sein Zigarettenkonsum aus.

Auf meine Frage, ob er sich vorstellen könne, diese Dinge einzusparen, um spätestens nach zwei bis drei Monaten wieder mobil zu sein und eine Chance auf dem Arbeitsmarkt zu erhalten, verneinte er mit den Worten: „Man gönnt sich ja sonst nichts!".

Man muss sich das einmal bildlich vorstellen - er hätte lediglich einige Zeit seine Gewohnheiten ändern müssen, um wieder erfolgreich sein zu können. Mit ein wenig „Commitment" hätte er sein Leben maßgeblich verbessern können, weil er es auf einmal SELBST wieder in der Hand gehabt hätte. Selbstsabotage ohne Ende. Ich gab auf.

Das eben skizzierte Beispiel zeigt auch auf, wie viel direkten Einfluss wir auf andere Menschen haben. Nämlich beinahe keinen. Wir können allerhöchstens andere Menschen irritieren. Ändern können sie sich nur selbst, wenn sie es wollen oder durch die Umstände müssen. Missionarische Hilfeleistungen aller Art können wir uns ersparen. Vorleben ist die einzige Möglichkeit, unser Umfeld positiv zu beeinflussen.

Wenn wir auf der Gewinnerseite stehen, ist es leicht, die Verantwortung zu übernehmen. Wenn wir jedoch in den sauren Apfel beißen müssen, dann ist dies schon schwieriger. Der saure Apfel kann jedoch dazu führen, dass du das nächste Mal mehr Acht gibst. Wenn du die sauren Äpfel einfach weiterreichst, wirst du das nicht lernen, ganz im Gegenteil. Wir zerstören dadurch Handlungsoptionen, wie Erich Limpach sehr schön formulierte: „Die Furcht vor der Verantwortung begünstigt die Flucht in die Abhängigkeit".

Resiliente Menschen
übernehmen Verantwortung für
ihre Gedanken, Gefühle und Handlungen
und können ihren
Einflussbereich gut abklären.
Sie wissen, dass Schuldzuweisungen
keinen Mehrwert bringen,
weder für sie selbst, noch
für ihr Umfeld.

Coachingfragen:

- In welchen Bereichen deines Lebens übernimmst du keine Verantwortung?
- Suchst du lieber Schuldige oder Lösungen?
- Welche Schlachten in deinem Leben hast du bis jetzt verloren?
- Wie wichtig ist es dir - auf einer Skala von 1 bis 10 - Verantwortung abzuschieben?
- War es immer von Vorteil, wenn du Verantwortung abgeschoben hast?
- War es immer von Vorteil, wenn du Verantwortung übernommen hast?
- In welchen Bereichen deines Lebens suchst du lieber nach Ausreden als nach Lösungen?
- Für welche Bereiche deines Lebens möchtest du ab sofort die Verantwortung übernehmen?

Zukunft gestalten

Der herausragende Albert Einstein hat sich, betreffend Zukunft, zu zwei sich widersprechenden Zitaten hinreißen lassen, die dir höchstwahrscheinlich geläufig sind:

„Mehr als die Vergangenheit interessiert mich die Zukunft, denn in ihr gedenke ich zu leben.“

„Ich denke niemals an die Zukunft, sie kommt früh genug.“

Ich arbeite diese Widersprüche im Kontext der Resilienz noch auf. Zuerst jedoch bleibt einmal festzuhalten, dass Aktivität – in welcher Form auch immer – voraussetzt, dass der Akteur auch tatsächlich an eine beinflussbare Zukunft glaubt. Würde er dies nicht tun, wäre jegliche Aktivität sinnlos.

Lebenskrisen entstehen auch nicht aus andauerndem Scheitern, wie wir aus der Krisenachterbahn gelernt haben. Im Gegenteil – sie entstehen aus diesem Wechsel von Licht und Schatten. Es sind zarte Pflänzchen der Hoffnung, die jedoch, vor der vollen Blüte, geknickt werden. Und genau diese Prozesse des teilweisen Erfolges und des nachfolgenden Scheiterns, erschüttern nachhaltig den Glauben an die eigene Macht, die Zukunft zu gestalten.

Auch hier gilt es zu überprüfen, wie unsere Vorannahmen sind. Worauf legen wir den Fokus in unserem Denken? Dies herauszufinden, ist ein gewaltiger Kraftakt. Denn eines ist durch die Forschung uns unserer Alltagserfahrung relativ klar - wir wollen immer recht behalten. Unser Hirn sucht dauernd Bestätigung für die eigenen Annahmen.

Wenn du nun von dir denkst, dass du ein „Loser" bist, welche Dinge in deiner Umgebung wird dein Hirn verstärkt in den Fokus rücken? Die Situationen, in denen du eine „gute" Figur gemacht hast oder die Situationen, wo du gescheitert bist? Je öfter du dir deine Unzulänglichkeiten und dein Scheitern vor Augen führst, desto eher wirst du dazu geneigt sein von dir zu glauben, dass du wirklich ein Verlierer bist. Ein Teufelskreis - wir hatten das schon.

Um den Punkt mit dem Fokus nochmals hervorzuheben: Du kennst solche Situationen sicherlich aus deinem Leben. Wenn du dir schon einmal ein Auto gekauft hast, wird dir genau die Marke, auf welche deine Wahl gefallen ist, stärker ins Auge springen im täglichen Straßenverkehr.

Jetzt stell dir einmal vor, wie es wäre, wenn dir nicht Probleme, sondern Chancen und Lernanlässe dermaßen ins Auge springen würden. Wäre das nicht toll? Zugegeben, dies schreibt sich so leicht aufs Blatt Papier, die Realität ist eine andere.

Entscheidend für die Fähigkeit, die Zukunft im Hier und Jetzt zu beeinflussen, ist der Umgang mit den oben angesprochenen Rückschlägen, die dich durch die verschiedenen Zyklen laufen lässt. Ab wann wirst du zermürbt?

Diese Rückschläge oder Tiefschläge des Lebens können dann besser weggesteckt werden, wenn du ein Ziel oder, noch besser, eine Vision hast, die dich und deine Handlungen trägt. Wenn du bis in die Zehenspitzen motiviert bist, machen dich Enttäuschungen vielleicht sogar kurzfristig stärker (Jetzt-erst-recht-Mentalität). Dies funktioniert natürlich nicht über einen langen Zeitraum. Du musst dir immer wieder „Adrenalinkicks", in Form von Teil- oder Mini-Erfolgen holen. Dazu empfiehlt es sich, dein Ziel in möglichst viele Einheiten aufzuspalten. Jeder noch so kleine Schritt kann dabei helfen, Erfolgsprozesse sichtbar zu machen.

An diesem Punkt möchte ich auf die oben erwähnten Einstein-Zitate eingehen. Für die Zukunftsgestaltung ist es in jedem Fall wichtig, nicht in der Vergangenheit zu verharren. Mein Verleger, Michael Jagersbacher, hat mir erlaubt, ihn in diesem Punkt zu zitieren: ***„In der Vergangenheit wird selten Zukunft gestaltet!"***. Wir können zwar die Vergangenheit betrachten und interpretieren, die Zukunft ist damit jedoch nicht gestaltbar. Zumindest nicht unmittelbar. Das Vergangene und meine Interpretation davon kann zwar die Zukunft beeinflussen, jedoch nicht gestalten. Deshalb bin ich der festen Überzeugung, dass viel zu viele Leute fälschlicherweise zu viel ihrer Lebensenergie in Vergangenes investieren. Ich plädiere nicht für eine Ignoranz der Vergangenheit jedoch stelle ich die Relevanz in Frage.

Das zweite Zitat von Einstein hinterfragt die Fokussierung auf die Zukunft. Vielleicht kennst du sie auch, die Menschen, die dauernd von ihren Visionen und Zielen reden, jedoch nie in die Umsetzung gelangen. Sie leben zu sehr in der Zukunft und vernachlässigen die Gegenwart, den Ort des Handelns, den Ort der Zukunftsgestaltung.

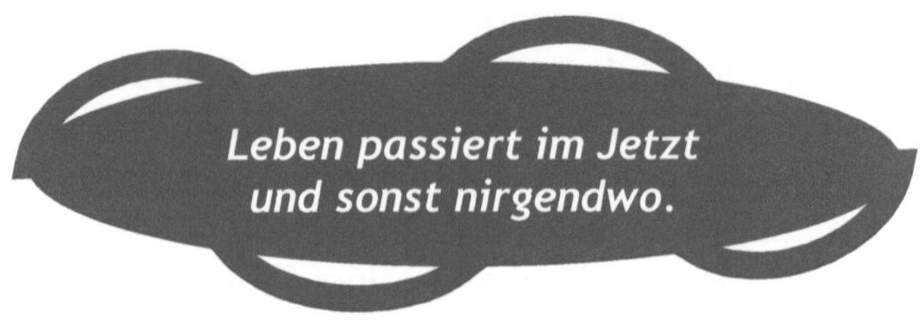

Coachingfragen:

- Was an deinem Leben macht dich wirklich glücklich?
- Wie kannst du dafür sorgen, noch mehr von diesem Glück zu erleben?
- Welche Lernanlässe bietet dir dein Leben, immer und immer wieder?
- Wann warst du das letzte Mal so richtig motiviert?
- Welche deiner Visionen fasziniert dich am meisten?
- Wie kann dir die Betrachtung deiner Vergangenheit helfen, deine Zukunft zu gestalten?
- Wie kannst du deine Gegenwart für deine Zukunftsgestaltung nutzen?

Mit Superhelden durch die Krise

Superhelden haben mich seit jeher fasziniert. Ich bin mit Spider-Man, dem unglaublichen Hulk, Iron Man und Wonder Woman groß geworden. Wenn ich so an meine Geschichte, die ich mit dir geteilt habe, zurückdenke, dann wäre es wohl oft hilfreich gewesen, solche Superhelden an meiner Seite zu wissen. Diese hätten mich gut durch jede Krise geführt und mir wäre nichts geschehen. Zumindest wären sie eine großartige Unterstützung für mich gewesen.

Mein Lieblingssuperheld jedoch war und ist noch immer Batman. Mir ist jedoch relativ spät klargeworden, weshalb dies der Fall ist. Es ist genau das Thema dieses Buches. Batman ist erst durch die Lebenskrisen in seinem Leben zu dem geworden, der er nun ist.

Wer kennt ihn nicht? Den dunklen Ritter, der Gotham City vor dem Bösen beschützt? Groß und Klein fasziniert dieser Kämpfer für das Gute. Faszinierend ist vor allem sein dunkler Charakter. Was macht die Faszination von Batman aus? Stets dachte ich, es sei die Mischung aus unendlichem Reichtum, welches sein Alter-Ego „Bruce Wayne“ aufgrund seines Firmenimperiums zur Verfügung hat und seine Superheldenfähigkeiten, welche er als Batman zum Wohle Gotham Citys einsetzt. Zusätzlich gibt es Schurken (und Schurkinnen), die ihresgleichen suchen. Man denke nur an Pinguin, Catwoman, Joker, uvm.

Doch das ist nur ein Teil der gesamten Wahrheit. Vielmehr ist es seine menschliche Seite, welche Sympathie zu seinem Publikum herstellt und dies seit 1939, wo er erstmalig in einem Comic erschien. Er hat viel mehr mit uns gemein, als es auf den ersten Blick ersichtlich ist. Er ist kein Charakter, dem alles im Leben in den Schoß gefallen ist. Im Gegenteil.

Der frühe Verlust seiner Eltern als Bruce noch ein Kind war, war das Schlüsselerlebnis in seinem Leben. Sie wurden vor seinen Kinderaugen brutal überfallen und erschossen. Das prägte ihn. Ich hoffe, du hast nicht einen solchen Schicksalsschlag hinter dir, doch Trauer, Tod und negative Erlebnisse sind selbstverständlich Bestandteile eines irdischen Lebens. Licht- und Schattenseiten ergänzen sich. Das Wechselspiel dieser „Mächte" ergibt schlussendlich unseren Charakter (den Einfluss unserer Gene lasse ich bewusst aus dem Spiel). Das Entscheidende ist jedoch die Art und Weise des Umgangs mit diesen Elementen.

Batman beispielsweise schwört am Grab seiner Eltern, gegen das Böse in Gotham City vorzugehen. Danach bildete er sich in entscheidenden Bereichen weiter, die ihm nützlich beim Kampf gegen böse Mächte sein sollten. Hier scheint uns der Bildungsgedanke ebenfalls sehr sympathisch zu sein - die Hoffnung, für sein eigenes Schicksal selbst verantwortlich sein zu können, wenn man will. Eben NICHT abhängig zu sein von Superkräften.

Was hat Batman geschafft? Seine Wut, seine Ängste und seine Trauer bringt er zum Wohle der Gesellschaft zum Einsatz. Ethik und Moral sind zentrale Werte in seinem Vorgehen: Nur im äußersten Notfall tötet er seine Gegner. Stets soll das Gericht über die zu verhängende Strafe für Verbrechen entscheiden.

In den aktuellsten Verfilmungen wird die Angst Bruce Waynes vor Dunkelheit und Fledermäusen thematisiert. Er nutzt diese Ängste, um sich selbst weiterzuentwickeln. Seine Angst wird zum größten Verbündeten. Vielleicht ist dies ein Hinweis für uns, unsere Ängste und Schwächen zu akzeptieren, um sie in weiterer Folge überwinden zu können. Verschweigen und Leugnen derselbigen wirkt zwar kurzfristig, für die persönliche Weiterentwicklung hat dies jedoch dramatische Konsequenzen.

Diese Ecken und Kanten sind es, die dem Charakter „Batman“ Tiefe und Menschlichkeit verleihen. Dies kann man an den Comicverkaufszahlen feststellen, in welchen Batman stets die Nase vor Superman hat und die ihn zum unangefochtenen Bestseller im Comicuniversum machen.

Ohne gewaltige Krise gäbe es keinen dunklen Rächer, der Gotham City vor dem Bösen schützt.

Das L.O.V.E.-Team

Ich wünsche wirklich jedem von uns Beistand in schwierigen Situationen des eigenen Lebens. Deshalb habe ich für dich und für mich ein Superheldenteam entwickelt, welches dir bei all deinen großen und kleinen Herausforderungen, tatkräftig zur Seite steht. Ich präsentiere dir hiermit feierlich das L.O.V.E-Team.

Es soll dich dabei unterstützen, die richtigen Entscheidungen und Handlungen zu setzen, wenn das Leben dir die Schattenseiten zeigt. Lass die Mitglieder des L.O.V.E.-Teams deine treuen Begleiter sein.

L.o.v.e. ist ein Akronym und besteht aus folgenden vier Worten.

L.-ebensfreude - Dr. Feel Good
O.-rientierung - Futura
V.-ernetzung - Connector
E.-insehen - Recognizer

Jeder der vier Superhelden besitzt eine Kraft, welche dabei hilft, deine Resilienz, deine Krisengestaltungsfähigkeit nachhaltig zu erhöhen. Such dir deinen persönlichen Beschützer aus dem Team aus, der dich fortan in deinem Leben begleitet. Und wenn du gern alle an deiner Seite hättest - nur zu, sie sind für dich da.

Wenn du wissen möchtest, welchen Superhelden, aus diesem tollen Team, du am dringendsten benötigst, ich habe auf meiner Homepage einen Test für dich, der dich dabei unterstützt, genau dies herauszufinden: ***www.mo-tivation.com.***

Der Connector - bringt Menschen zusammen

Er ist in eine Welt geboren, in der Menschen es verlernt haben zu reden. Sie kommunizierten zwar über Telefone, Computer und Tablets, doch die realen Treffen wurden immer weniger. Und selbst dort, wo Menschen sich in der Realität trafen, schauten sie lieber auf ihre Smartphones und flüchteten in die digitale Welt, die ihnen so viele Möglichkeiten bietete. Leider waren vertrauensvolle, aufrichtige und starke Beziehungen zwischen Menschen selten. Obwohl sie mehr Menschen mit ihren Botschaften erreichen konnten als jemals zuvor, herrschte großer Neid und Missgunst untereinander. Obgleich das Internet Frieden und Wissen über die Menschheit hätte bringen können, brachte es gleichzeitig Angst und Dummheit hervor.

Bereits in der Schulzeit fiel dem Connector auf, dass die Kinder sich lieber einzeln ihren Pads widmeten, als in der Gruppe miteinander zu spielen. Die Menschheit verlor die Fähigkeit, sich mit der Realität auseinander zu setzen. Kommunikationstrainings fanden nur mehr auf Online-Plattformen statt.

Nur durch Zufall gelangte der Connector an der Universität an ein ehemaliges Standardwerk der Kommunikations-Literatur: Miteinander Reden 1 von Friedemann Schulz von Thun. In diesem lernte er, wie er Menschen „entschlüsseln" und klar mit ihnen kommunizieren konnte. Er trug dieses Büchlein in den nächsten Jahren immer bei sich und erweiterte seine Buchsammlung um folgende Werke:

- „Kommunikationstraining: Zwischenmenschliche Beziehungen erfolgreich gestalten" von Vera F. Birkenbihl
- „Anleitung zum Unglücklichsein" von Paul Watzlawick
- „Klarheit: Der Schlüssel zur besseren Kommunikation" von René Borbonus
- „Der Sympathie-Code: Wie Sie andere für sich gewinnen" von Michael Jagersbacher
- „Wie man Freunde gewinnt: Die Kunst, beliebt und einflussreich zu werden" von Dale Carnegie
- „Menschen lesen: Ein FBI-Agent erklärt, wie man Körpersprache entschlüsselt" von Joe Navarro

Der Connector wurde zum Meister der Kommunikation und seine Mission war es fortan Menschen zueinander zu bringen. Wo immer er sah, dass Menschen nicht richtig und aufrichtig kommunizierten, schuf er eine kommunikative Atmosphäre des Vertrauens. Er zeigte Tools und Techniken, die es ermöglichten, auf Augenhöhe zu kommunizieren.

So gelang es ihm über die Jahre, dass Kinder in der Schule lieber Fußball spielten als Fifa auf einem Tablet.

Wann immer ehrliche und vertrauensvolle
Kommunikation in Gefahr ist,
ist der Connector zur Stelle!

Hauptbotschaft: Verbinde dich mit anderen Menschen!

Futura- sucht nach Orientierung und ist nach vorne gewandt

In ihrem früheren Leben war Futura eine Frau, die stets in der Vergangenheit lebte. Ihren Kindern erzählte sie, wie toll es in ihrer Kindheit war und wie sehr sie es bedauerte, dass diese Zeiten vorbei waren - früher war eben alles besser. Früher war alles billiger, größer, toller und ehrlicher. Die Gegenwart und die Zukunft halten nichts Gutes bereit. Es war eine Romantisierung des Vergangenen.

Wenn ihr etwas Negatives wiederfuhr, haderte sie so lange mit dem Fehler, der schon passiert war, dass sie vergaß, neue Projekte in Angriff zu nehmen. Durch das Leben in der Vergangenheit vergaß sie das Leben in der Gegenwart. Durch das Hadern mit sich und den Umständen fehlte ihr auch die Energie, neue Modelle und Perspektiven zu entwickeln. Sie war vollkommen orientierungslos und ließ sich vom Leben treiben. Das Sagen hatten jedoch andere Kräfte.

Doch dann kam der Tag, an dem sie sich diese Kräfte wieder zurückholte. Am Tiefpunkt ihres Lebens bekam sie von ihrem Psychotherapeuten das Buch von Steve De Shazer: „Mehr als ein Wunder: Die Kunst der lösungsorientierten Kurzzeittherapie“ empfohlen. Darin war ein Zitat, welches ihr die Augen öffnete: „Problemtalk creates problems. Solutiontalk creates solutions“. Durch ihren Fokus auf das Problem hat sie das ursprüngliche Problem verstärkt und neue Probleme erschaffen. Durch das Konzentrieren auf mögliche Lösungen, erschuf sie auch Lösungen. Probleme und Lösungen müssen nichts miteinander zu tun haben.

Von nun an wandte sie ihren Blick nach vorne und nicht nach hinten. Futura unterstützte fortan alle Menschen, die sich in der Vergangenheit bewegen und die Zukunft vergessen. Wann immer Melancholie oder Ärger auftritt, springt sie ein und lenkt deinen Fokus auf das wirklich Wichtige, auf die Lösung deiner Situation! Die Zukunft hält so viel Wunderbares für uns bereit!

Hauptbotschaft: „Die Vergangenheit haben wenig Menschen bis dato ändern können!“

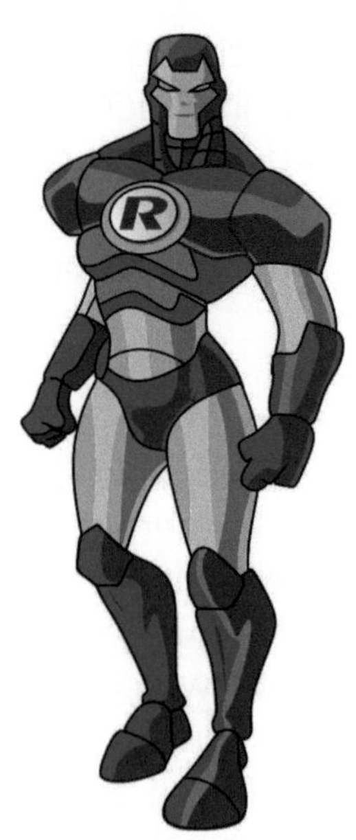

Der Recognizer - er durchblickt und akzeptiert unbeeinflussbare Situationen

Sein Erbauer war ein Mensch, der gerne keine Verantwortung für sein Leben übernahm und alles durch die rosarote Brille sah. Sein Glas war nicht nur halbvoll, sondern er sah sogar immer mehrere volle Gläser nebeneinander, obgleich nur mehr ein Schluck Wasser darin war.

Im Schönreden von Situationen war der Erbauer von Recognizer immer ein Meister. Der Wissenschaftler lehnte es jedoch ab, Verantwortung für sich und sein Handeln zu übernehmen. Dies führte dazu, dass seine Experimente und Erfindungen viel Schaden für die Menschheit verursachten. Viel zu lange meinte der Erfinder, das habe nichts mit ihm zu tun und stritt jegliche Verantwortlichkeit ab. Dies führte jedoch zu immer größeren Katastrophen, so groß, dass sie für den Erbauer nicht mehr alleine lösbar waren.

Deshalb entwickelte er den Recognizer. Er programmierte ihn darauf, Situationen blitzschnell zu durchleuchten und seine Aktionen so auszurichten, dass sie die größtmöglichen Auswirkungen haben. Nicht nur einmal rettete der Recognizer die Menschheit vor Katastrophen. Kurz vor dem Ableben seines Erbauers wurde er so programmiert, dass der Recognizer Menschen dabei unterstützt, die Verantwortung für ihr Handeln zu tragen und so ins Tun zu kommen.

Hauptbotschaft: „Konzentriere dich auf die Dinge, die du wirklich verändern kannst. Vergiss alles andere!“

Dr. Feel-Good - er sorgt dafür, dass gute Vibes deine Stimmung heben und die Zuversicht steigt

Dieser Superheld wuchs in ärmlichen Verhältnissen auf. Er spürte sehr früh, was es bedeutet, kaum Geld zu haben für die täglich benötigten Sachen. In der Schule war er stets jemand, der gehänselt wurde, weil er nicht die neuesten Gimmicks und Markenklamotten besaß. Auch zu Hause herrschte, aufgrund der finanziellen Schieflage, stets schlechte Stimmung. Zu sehr waren Vater und Mutter damit beschäftigt, sich selbst und ihre Situation zu bemitleiden.

Dr. Feel-Good begann bereits mit 16 Jahren, neben der Schule, zu arbeiten. Jeden Monatslohn verfrachtete er auf sein „Bildungskonto". Obgleich er mit anderen Menschen nicht immer gute Erfahrungen machen durfte, gab es stets Freunde, die ihn auch ohne Geld gernhatten. Sein Wunsch war es, anderen Menschen zu helfen.

Nach seiner Schulzeit hatte er genug Geld angespart auf seinem „Bildungskonto", dass er sich an der Universität einschrieb. Dort belegte er Medizin und schloss sechs Jahre später mit seinem Doktortitel ab. Zufälligerweise besuchte er während seines Studiums einen Lach-Yoga-Kurs, der ihm nicht nur den Mund vor Lachen öffnete, sondern vor allem seine Augen. Dr. Feel-Good erkannte in dem Moment, dass Humor, Herzlichkeit, Optimismus und Freude die Quelle allen Lebens sind.

Nach Beendigung seines Studiums verschrieb er sich dem Ziel, mehr Freude und Zuversicht unter die Menschen zu bringen. Dr. Feel-Good ist immer für dich da, wenn du deinen Optimismus verlierst. Er hilft dir dabei, an dich selbst zu glauben und Sinn in deinen Handlungen zu erkennen.

Hauptmotto: „Yes, You Can!
Und was du nicht can'st, can'st du lernen!"

Meine Lebensgeschichte

Ich habe keine Höhenangst. Dennoch habe ich ein mulmiges Gefühl, wenn ich in einem Korb an einem Kran hänge. Egal, wie schwer ich auch atme, ich werde Stück für Stück, Meter für Meter weiter nach oben gezogen und ich habe keine Kontrolle über diesen Prozess.

Von unten sieht es nicht so hoch aus, wie es tatsächlich ist, wenn man sich im Korb befindet und Ängste ausstehen muss.

Plötzlich macht es „Klack!" und der Korb bleibt stehen. Die Gondel, in der ich mich seit ein paar Minuten befinde, hat ihre endgültige Höhe erreicht. Sie schwingt im Wind ein ganz kleines bisschen hin und her. Du fragst dich nun sicherlich, was ich da in schwindelerregender Höhe so treibe.

Ich werde gleich meinen allerersten Bungeesprung absolvieren. Das mache ich in etlichen Metern über festem Grund.

Vielleicht kennst du dieses Gefühl aus erster Hand, welches ich gerade empfinde, so kurz vor dem Sprung.

Die verrücktesten Gedanken schießen dir da durch den Kopf. Du stehst oben und denkst darüber nach, ob die Helfer das Seil richtig eingestellt und abgemessen haben. Wird es mich tragen? Wird es kurz genug sein, damit ich nicht den Boden mit meinem Kopf berühre? Spätestens jetzt weiß ich, warum sie mich gefragt haben, wie viel ich wiege – und ich schwöre dir, in dem Moment ist Lügen keine Option.

Irgendwann hörst du die Stimme, die sagt: „Wir sind soweit! Wenn du bereit bist, kann's losgehen."

Ich hätte nicht gedacht, dass ich von alleine springe, doch genau so war es. Die Helfer mussten gar nicht eingreifen.

Du lehnst dich etwas nach vorne und – wie in Zeitlupe – fällst du. In dem Moment merkst du, dass die ursprüngliche Taktik, nämlich auf gar keinen Fall nach unten zu sehen, völlig blödsinnig ist, weil du im nächsten Moment mit dem Kopf voran dem Boden entgegen rast. Das ist der Moment, wo dein Verstand völlig aussetzt. Du siehst den Boden auf dich zurasen und dein Verstand kann einfach nicht begreifen, was gerade passiert, denn der Mensch ist nicht dazu geschaffen, mit dem Kopf voran dem Betonboden entgegen zu fliegen.

Genau so fühlte ich mich an dem Tag, an dem ich mich entschlossen hatte, der Welt mitzuteilen, dass ich eine Frau bin.

Es war meine größte Lebenskrise, die ich in diesem Moment meisterte. Es war die Challenge, dass ich mir irgendwann eingestehen musste, mein ganzes Leben lang als Frau in einem männlichen Körper gelebt zu haben.

Natürlich war es mein eigener Entschluss zu springen und allen die Wahrheit zu sagen.

Dein Verstand findet nichts in diesem Moment, was nur irgendwie erklären könnte, was du da gerade tust. Du fühlst dich wie im freien Fall.

Jahrelang habe ich darüber nachgedacht, was alles passieren kann. Größtenteils natürlich negative Gedanken, die mich von meiner ursprünglichen Bestimmung abhalten wollten. Ich habe mir diesen Moment tausende Male vorgestellt. Wie würde mein Umfeld wohl reagieren? Wer würde mich unterstützen, wer sich von mir abwenden?

Um es vorwegzunehmen - nichts, wirklich gar nichts, von dem, was ich mir ausmalte, ist auch so schlimm eingetreten, wie befürchtet. Es war lediglich die Angst vor der Angst, die mich fertig machte und zur Selbstleugnung beitrug.

Klar, es war wirklich eine Achterbahnfahrt. Noch immer frage ich mich, wie ich dazu kam, gerade in diesem Moment den entscheidenden Schritt zu gehen. Immer wieder zögerte ich. Ich setzte mich zum ersten Mal in meinem Leben mit meinem Hang zur Weiblichkeit intensiv auseinander. Das erste Buch, das ich darüber las, war „Messer im Traum. Transsexuelle in Deutschland“ von den Autoren Holde B Ulrich und Thomas Karsten. Es behandelte die verschiedensten Leidenswege betroffener Personen.

Leidenswege waren nicht das, worüber ich hören wollte. Was ich wollte, waren Lebenswege. Wer will schon gerne leiden? Ich beschloss meinen Fokus nicht auf das Negative zu legen. Das habe ich mein ganzes Leben lang gemacht. Schließlich folgt Energie der Aufmerksamkeit.

Ich weigere mich auch heute noch beharrlich von einem Leidensweg zu sprechen.

Der Beginn

Ich weiß nicht mehr genau, wie es angefangen hat. Ich weiß nur, ich war noch sehr, sehr jung.

Ich hatte ja keine Ahnung, ich wusste nicht, was mit mir passiert. Ich stellte nur irgendwann fest, dass etwas bei mir nicht stimmte. Es fühlte sich etwas nicht stimmig an, im wahrsten Sinne des Wortes. Ich wollte mich wie ein Mädchen verhalten. Ich wollte mich so anziehen und die Dinge tun, die andere Mädchen auch tun, obwohl ich physisch ein Junge war. Es war keine bewusste Entscheidung von mir, mich anders zu verhalten. Es passierte einfach. Der Drang war in mir.

Das war am Beginn der 80er Jahre. Ich selbst und mein Umfeld hatten keine Erklärung für dieses Phänomen. Heute ist es wesentlich einfacher, sich Informationen zu holen. Man setzt sich an den Computer oder sucht mit dem Handy nach entsprechenden Informationen. Ich musste diese Dinge mit mir und meinen Mutmaßungen ausmachen.

Meistens drückten Menschen meine Situation mit folgenden Worten aus: „Er möchte ein Mädchen sein“, aber das trifft den Kern eigentlich nicht. Es ist etwas, was in mir drinsteckt und das mich mit intrinsischer Motivation antreibt. Aber ist es auch das, was ich selbst will? Ich will doch einfach nur „normal“ sein. Ich möchte mit meinem männlichen Körper zufrieden sein. So sein, wie alle anderen sind. Probleme haben, die andere auch haben. Dann kann ich auch gleich auf deren Lösungen zugreifen. Wie praktisch wäre das? Aber ich hatte diese Neigung in mir, die mich herausforderte und mich so anders machte.

Ich wäre nie auf die Idee gekommen, meine Eltern zu fragen und ich weiß nicht, ob sie mir hätten helfen können - obwohl sie sehr gebildet waren. Wie gesagt, das Internet war zur damaligen Zeit noch lange nicht erfunden. Ich hatte auch nie nur einen Gedanken daran verschwendet, mit irgendjemand anderen über dieses Thema zu reden. Ich behielt diese Besonderheit stets für mich. Ein großer Fehler, wie sich herausstellen sollte und wie wir aus der Forschung über Resilienz nun wissen.

Auch ich wurde, wie fast alle in meiner Generation, durch „die Bravo“ aufgeklärt. Ich war bereits an die 15 Jahre alt, als ich das erste Mal einen Bericht über transsexuelle Menschen las. Aber das war nichts, was ich für mich annehmen wollte. Ich war der festen Überzeugung, dass ich meine „Neigungen" selbst überwinden könnte, indem ich sie einfach lange genug verleugnete.

Ich erinnere mich an eine Feier, auf der ich war. Da unterhielt ich mich den ganzen Abend sehr gut mit einem anderen Mädchen. Das Mädchen meinte am Ende, dass sie sich noch nie so gut mit einem Jungen unterhalten hätte. In dem Moment beschloss ich: Das passiert mir nie wieder.

Alle meine Handlungen hatten das Ziel, nicht aufzufallen und mein Geheimnis für mich zu bewahren. Auf der anderen Seite wollte ich mir beweisen, dass ich doch ein richtiger Kerl sein konnte. Aus diesem Grund imitierte ich Jungs und machte eben all das, was auch sie so machten. Ich versuchte, Fußball zu spielen. Ich versuchte, Muskeln aufzubauen. Manche dieser männlichen Dinge gelangen mir ganz gut. Andere Dinge wiederum nicht. Diese hatten einfach keinen Platz in meinem Leben. Doch das war mir damals noch nicht so bewusst wie heute.

Immer wieder gab es Rückschläge und ich erlag der Versuchung, mich wie ein Mädchen anzuziehen. Darauf folgte das große Schämen und im Anschluss verbrannte ich die Mädchenklamotten, welche mir vorher so gut gestanden hatten und in denen ich mir eigentlich gefallen hatte.

Ein Moment in meiner Vergangenheit hat sich in mein Hirn eingebrannt. Ich ging mit meinen Freunden ins Kino und wir sahen uns den Film „Flashdance" an.

Darin gab es die 18-jährige Alex, die als Schweißerin im Stahlwerk arbeitete. Sie hatte einen Traum. Sie wollte Tänzerin werden und natürlich, wie zu der Zeit üblich, gab es auch den passenden Film-Song dazu. In diesem, mit dem Oscar für den besten Filmsong ausgezeichneten Lied - What a feeling - , singt Irene Cara: „Find your passion and make it happen".

Und irgendetwas hat mir in dem Moment gesagt: „Ja, das ist das, was du willst." Alex, die für ihr Leben und ihre Träume kämpft, war fortan mein Vorbild. Auch ich musste für mein Leben kämpfen. Für das, wer ich bin, für meine Passion, musste ich kämpfen. Es war dabei völlig egal, was andere dazu sagten. Ich wollte durch mein Leben tanzen. Allerdings hatte ich keine Idee, wie das funktionieren soll. Ich wusste, ich kann nur Großartiges leisten, wenn ich mit mir selbst im Reinen bin. Und das war ich eben mein ganzes Leben bis dahin nicht gewesen.

Umwege

Vielleicht kennst du das - die besten Vorsätze, die du dir am 31.12. gemacht hast, sind am 2.2. des Folgejahres nicht mehr so frisch in Erinnerung. So ähnlich erging es mir mit meinem Vorsatz: Meine Zweifel meldeten sich fortan.

Noch immer war ich der Überzeugung, dass ich nur genug an mir arbeiten musste, damit ein richtiger Kerl aus mir würde. Dass ich es irgendwann genießen könnte, ein Mann zu sein. Und was mag der Durchschnittsmann? Richtig, Autos.

Ursprünglich wollte ich Automobilverkäufer werden. Ich kannte zufällig jemanden, der als Verkaufsleiter in einem Autohaus im Nachbarort tätig war. Und so fragte ich ihn, was ich tun müsste, um Autoverkäufer zu werden. Seine Antwort war, ich solle die Ausbildung zum Kfz-Mechaniker machen, um so das technische Grundverständnis zu erwerben. Das tat ich dann auch.

Als sich meine Ausbildung so langsam dem Ende zuneigte, merkte mein damaliger Chef, dass meine Motivation nachgelassen hatte und ich wollte mich einfach nicht mehr mit Werkstatt und Reparaturen beschäftigen, sondern hatte vielmehr im Kopf, wie ich schnell Automobilverkäufer werden konnte.

Zur damaligen Zeit war es so, dass die Händler die Hälfte der Kosten für die Ausbildung übernehmen mussten. Darum war die Motivation meines Chefs enden wollend, mich als Automobilverkäufer auszubilden. Ich sollte dem Unternehmen zuerst einen Mehrwert als KFZ-Mechaniker bieten.

Zum gleichen Zeitpunkt wurde ich von einem Bekannten darauf angesprochen, zumindest nebenberuflich für einen Versicherungsvertrieb zu arbeiten. Ich sah es als Chance, mir das nötige Rüstzeug anzueignen.

Ich erkundigte mich über die Ausbildungsmöglichkeiten. Im Gegensatz zur Automobilindustrie war die Versicherungsbranche sehr daran interessiert, ihre Mitarbeiter im Verkauf zu schulen.

Ich nutzte jede Gelegenheit, an meinen verkäuferischen Fähigkeiten zu arbeiten und mich fortzubilden. Relativ schnell stellten sich Erfolge ein, sodass ich innerhalb kürzester Zeit als selbstständiger Handelsvertreter meine ersten Schritte in der Finanzdienstleistung ging. Der Zeitpunkt war für mich goldrichtig. Der Mauerfall veränderte Deutschland und Ostdeutschland musste, was Versicherungen betraf, erst erschlossen werden. Es herrschte Goldgräberstimmung in der Branche.

Neben den klassischen Versicherungsprodukten gab es eine Kooperation mit einem Bauträger, der Mehrfamilienhäuser kaufte und sie in Eigentumswohnungen umwandelte. Nach erfolgreicher Transformation ließ er sie zum Vertrieb zu.

Das fand ich so spannend, dass ich mehr darüber wissen wollte und für einige Zeit mit ihm zusammenarbeitete.

Ich lernte die Immobilienbranche kennen und kaufte mir einen alten VW-Bus, etwas Werkzeug und begann Wohnungen zur renovieren.

Wenn der Bus vor meiner Tür stand, dachte meine Umgebung, ich hätte nichts zu tun. Als ich die ersten größeren Aufträge erhielt, meinten die Menschen, ich würde mich übernehmen. Kennst du solche Leute auch? Wie du es machst, auf jeden Fall ist es falsch - für sie.

Schnell wurde aus meiner Tätigkeit ein Bauträger-Unternehmen, das nicht nur Wohnungen renovierte, sondern auch Ein- und Mehrfamilienhäuser schlüsselfertig erstellte.

Der Körper lügt nicht

Mein Tag sah so aus, dass ich morgens um 6:00 Uhr das Haus verließ und bis abends um 22:00 Uhr auf den Baustellen oder bei Terminen unterwegs war. Meistens rauchte ich dabei zwei bis drei Schachteln Zigaretten und ernährte mich von dem reichhaltigen Angebot der Tankstellen und Fastfood-Restaurants. Ich fuhr am Tag 300 bis 400 km, aber kam nie weiter als 30 km weit weg vom Ausgangspunkt.

Im Nachhinein weiß ich, dass ich meinem Leben nicht die Bedeutung gab, die notwendig gewesen wäre. Entspannung gab es eigentlich nie, dafür gab es Ablenkung. Ablenkung von meinem Selbst, von meinen Bedürfnissen, von meinem wahren Ich.

Wenn mein Kopf voller Gedanken war, setzte ich mich auf mein Motorrad und fuhr mit 200 Km/h über die Autobahn. Dabei musste ich die Konzentration so hochhalten, damit ich nicht mein Leben riskierte.

Kurz bevor ich 30 wurde, konnte ich eigentlich gar nicht mehr schlafen. Nicht, weil ich nicht müde war, sondern, weil mein Herzschlag mich wach hielt.

Ausgestattet mit einem Langzeit-EKG und Blutdruckmessgerät fing ich dann auch irgendwann an, darüber nachzudenken, was denn in meinem Leben wichtig war oder nicht. Und da fiel mir wieder dieser Song aus den 80er Jahren ein: „Find your passion and make it happen!“

Mir war klar, dass ich nicht so weitermachen konnte, wie ich bisher gelebt hatte. Damals hatte ich keine Ahnung vom Gesetz der Resonanz. Das Gesetz der Resonanz besagt, dass das, was ich aussende, in irgendeiner Form auch rückgespiegelt wird.

Mut oder Wut?

Der erste Schritt hin zu einem Leben voller Klarheit ist, dass du die Realität der anderen nicht zu deiner Realität werden lässt. Du darfst und musst dich abgrenzen. Schließlich ist es dein Leben, welches kein anderer für dich leben kann oder darf. Ich weiß, das hört sich leichter an, als es tatsächlich ist. Ich habe für diese Erkenntnisse mein halbes Leben lang gebraucht. Ich hoffe, bei dir geht es wesentlich schneller.

Was du brauchst, ist Mut.

Mut ist nicht die Abwesenheit von Angst, sondern vielmehr die Erkenntnis, dass etwas Anderes wichtiger ist als Angst. Die Tapferen leben vielleicht nicht ewig, aber die Vorsichtigen leben überhaupt nicht.

Es brachte mich entscheidend weiter, als ich es zuließ, dass es eine weibliche Seite an mir gab und dass sie offensichtlich auch nicht wieder gehen will. Ich nahm meine Besonderheit an. Diese bedingungslose Annahme verschaffte mir die Energie, alle damit verbundenen Herausforderungen zu meistern.

Vertrauen in die Zukunft

Der Geschäftspartner, mit dem ich mittlerweile gemeinsam das Unternehmen führte, glaubte genauso wenig wie ich, dass wir in dieser Form der Überlastung eine unternehmerische Zukunft hätten.

Alles, was wir aufgebaut hatten, endete mit einer Katastrophe und ich stand am Ende mitten in einem Scherbenhaufen.

Ich weiß nicht, ob es mir in dieser Zeit schon bewusst war, aber genau zu diesem Zeitpunkt half mir meine positive Einstellung und meine ausgeprägte Resilienz, mit der Situation gut umzugehen.

Das Wichtigste war meine Zukunft, nicht meine gegenwärtige Ausgangssituation. Orientierung ist Gold wert und kann ungeahnte Energien freisetzen. Ich wusste, dass es weiterging und dass es großartig würde, mein Leben. Ich hatte Vertrauen in mich.

Auch begriff ich in dieser Zeit mehr und mehr, dass es keinen Sinn machte, dagegen anzukämpfen, was in einem steckt. Während der größten Umbrüche meines Lebens begann ich meine weibliche Seite vollends anzuerkennen. Dafür bin ich meinen Krisen mehr als dankbar.

Ich wusste, dass sie zu meinem Leben gehörte, wie die Luft zum Atmen. Eine Idee, wie dies in der gelebten Realität funktionieren sollte, die gab es allerdings nicht.

Das hielt mich aber nicht davon ab, weiterzugehen. Das ist nicht immer leicht. Manchmal weiß man nicht, wie es weitergehen soll. Ich kenne das Gefühl. Du vermutlich auch. Das ist nicht schön und trotzdem sind wir noch da.

Die gute Nachricht: Es ist alles Leben. Gute und schlechte Tage bedingen einander. Ohne die Tragik der negativen Seiten würden wir die schönen Seiten weniger schätzen. Die Kunst ist es, dafür zu sorgen, dass wir die dunklen Tage in unserem Leben zulassen. Es ist doch völlig in Ordnung, sich die Zeit zu nehmen, in der wir unseren Gefühlen von Hilflosigkeit und Angst, den nötigen Raum geben.

Dass ich eine besondere Art hatte, mit schwierigen Situationen umzugehen, wusste ich damals noch nicht. Ich hätte diese Fähigkeit auch nicht mit Resilienz beschrieben, sondern eher mit folgenden Adjektiven: lebensbejahend und positiv. Ich glaube nicht, dass es Menschen gibt, die keine Angst empfinden. Ich glaube aber, dass wir alle eine Entscheidung treffen können, wie wir damit umgehen und ob wir die Angst akzeptieren und trotz ihres

Auftretens weitergehen und die Dinge tun, die wir lieben.

Letztendlich ist es diese eine Entscheidung für oder gegen die Liebe.

Worauf man aber unbedingt achten muss

Man darf sich nicht von der Meinung anderer beeinflussen lassen. Leichter gesagt als getan. Für unser „Herdenhirn“ ist dies eine Mammutaufgabe. Es ist schon erstaunlich, wie viele Menschen dir plötzlich und ungefragt Ratschläge geben, wenn du sie am wenigsten brauchst. Menschen, die sich vorher überhaupt nicht vorstellen konnten, wie du dahin gekommen warst, wo du warst.

Wie oft kannst du darüber lächeln, wenn sie dir sagen: „Ja, so wie du das gemacht hast, war es nur eine Frage der Zeit, bis du auf der Nase landest“. Ich glaube nicht, dass diese Menschen dir den Erfolg nicht gönnen. Ich glaube vielmehr, dass es sie ärgert, nicht den Mut aufzubringen, deinen Weg zu gehen. Wenn du Erfolg hast, hältst du ihnen den Spiegel vor und zeigst ihnen dadurch, was Mut bewirken kann. Dann müssten sie jedoch ins Handeln kommen. Insgeheim sind sie also froh, wenn du scheiterst, dann müssen sie sich nicht bewegen.

Ja, ich bin an einigen Stellen in meinem Leben gescheitert. Wenn du etwas Außergewöhnliches umsetzen möchtest, dann kannst du scheitern. Wenn du jedoch nichts unternimmst, bist du in Wahrheit schon gescheitert, heißt es in einem Sprichwort.

Das Geile an einer Krise ist das Überwinden. Machen wir uns doch nichts vor. Niemand liebt Krisen, um derer selbst willen. Unser Geist lernt, dass Scheitern nicht das Ende ist. Wo eine Tür zugeht, geht zugleich eine andere auf. An diese Weisheit glaube ich zutiefst. Und so ist es mir gelungen, all meine Energie darauf zu verwenden, weiterzumachen.

Wichtig in dem Prozess: offen und neugierig zu sein. Ich suchte einfach weiter nach Business-Ideen gesucht und hielt meine Augen offen. Auf einer Franchisemesse lernte ich schließlich jemanden kennen, der für Outdoor-Bekleidung Partner suchte, die Einzelhandelsgeschäfte eröffnen.

Sechs Wochen später eröffneten wir dann den ersten eigenen Franchise-Store. Mein Geschäftspartner und ich hatten kein Geld für Personal, also stand ich selbst den ganzen Tag im Laden. Nach Feierabend machte ich all das, was man normalerweise den Tag über so macht, wenn man nicht alleine ist: aufräumen, saubermachen, Waren nachbestellen, und natürlich Fachwissen anlesen. Schließlich hatte ich von Outdoor-Bekleidung sehr wenig Ahnung. Die Begeisterung, etwas Neues aufzubauen, trieb mich dabei an. Dies setzte so viele positive Emotionen in mir frei, dass ich die dafür notwendigen Energien erhielt.

Offensichtlich machte ich das nicht so schlecht, denn wir eröffneten im Jahr darauf unseren zweiten Laden und im Folgejahr sogar den dritten Laden. Nach vier Jahren waren es sogar sechs Geschäfte, die wir unser Eigen nennen konnten. Doch es gab nicht nur positive Seiten an dem geschäftlichen Erfolg. Es blieben wieder viele Dinge auf der Strecke. Beispielsweise hatten wir nie Zeit für Urlaub. Und so kam es zu der Idee, unser erstes Ferienhaus auf Mallorca zu mieten.

Mag sonderbar klingen, aber in all den Jahren hatte ich nie Urlaub gemacht und vielleicht liebe ich deshalb heute noch diese Insel so sehr, weil sie mir den Raum und die Zeit gab, an mich selbst denken. Dieses einfache kleine Häuschen ganz in der Nähe des malerischen Hafens von Cala Figuera ist heute noch einer der schönsten Orte, an denen ich jemals gewesen bin.

Und ich war ja eigentlich gestartet, um es anders zu machen. Ich wollte mich ursprünglich auch akzeptieren, wie ich bin. Ich wollte nicht verdrängen und meine weibliche Seite einfach zulassen. Doch so einfach war das dann doch nicht. Viel lieber lebte ich mich versteckt aus. Ich stieg mitten in der Nacht heimlich als Frau verkleidet ins Auto und lief dann im Nachbarort in der Gegend herum. Oh mein Gott, bin ich heute dankbar, dass mich niemand dabei beobachtete. Mehr und mehr beschäftigte ich mich natürlich auch damit herauszufinden, was die Ursache für meine Neigung war.

Alles, was ich im World Wide Web dazu fand, hat mich nicht angesprochen. Ich fand keine Geschichten von Leichtigkeit. Vielmehr fand ich Geschichten der Tragik, der Traurigkeit und des Leidens. Nicht meine Welt.

Bis zu diesem einen Tag, als ich die Studie von amerikanischen Wissenschaftlern las.

Diese Forscher steckten Menschen, die das Gefühl im falschen Körper geboren zu sein, in einen Computertomografen. Dabei stellten sie fest, dass es Menschen gibt, die einen männlichen Körper haben und ein weibliches Gehirn. Und plötzlich war alles anders. Plötzlich war sie da, die Erklärung für all die Dinge, die ich mir nicht erklären konnte. Vielleicht hattest du auch schon solche Momente in deinem Leben, in denen von jetzt auf gleich alles anders war. Alles ergab Sinn für mich. Ich wusste in diesem Moment, dass das, wovor ich mich mein Leben lang gefürchtet hatte, meine Zukunft sein würde. Ich würde als Frau leben. Weil ich einfach keine Wahl habe: ich bin nun mal eine Frau. Punkt.

Augen zu und durch

Wenn man einen Koffer packt, um in den Urlaub zu fahren, ist es sinnvoll, wenn man weiß, wohin man fährt. Geht die Reise in den Süden, füllt man den Koffer mit Handtüchern und Sonnencreme. Geht es in den Norden sind Ski-Jacke, Mützen und Handschuhe eine gute Wahl.

Ich hatte keine Ahnung, was da genau auf mich zukommen würde. Ich wusste jedoch, dass es kein Urlaub würde. Es würde ein Abenteuer. Nur Hinflug, kein Zurück mehr. Aber es fühlte sich einfach so richtig an, dass ich es nicht verleugnen konnte.

Auch in unserer durch und durch wissenschaftlich geprägten Welt müssen wir uns auf unser Gefühl verlassen. Schlussendlich müssen wir unserem Herzen Vertrauen schenken: Ist dieser Weg richtig für mich?

Ich hatte mein ganzes Leben nicht dieses Vertrauen in mich, schließlich wich ich ja völlig von jeder bekannten Norm ab. Deshalb waren meine ersten Schritte sehr klein und behutsam. Ich machte, wie du schon merkst, dabei auch nicht alles richtig. Aber es war zum ersten Mal in meinem Leben mein eigener Weg. Völlig losgelöst von den Vorstellungen anderer. Völlig losgelöst von der kritischen Stimme in meinem Kopf, welche die Werte der Gesellschaft repräsentieren.

Viele Geschichten sind mir, seit meinem „Coming Out", im Gedächtnis geblieben.

Zum Beispiel, wie sehr ich mich über die erste Rechnung freute, auf der „Monika" stand. Oder die vielen Reaktionen, als ich Menschen in meinem Umfeld mitteilte, dass ich eine Frau war. Fast alle waren durchwegs positiv. Meistens war es Erstaunen, anderen kamen die Tränen und ein Mann hat erst mal fünf Minuten lang gelacht, bis er mir endlich glaubte, dass ich es ernst meinte.

Ja, das war wirklich so und es dauerte dann auch noch eine Weile, bis wir das Gespräch beendeten. Irgendwann musste ich zur Toilette und er rief mir hinterher: „Aber hinsetzen!“

Ich bin gut darin, Menschen von etwas zu überzeugen. Und es gibt jemanden, bei dem mir das immer besonders gut gelingt. Es ist ein Mensch, den ich ganz genau kenne - und das macht es so einfach.

Das bin ich nämlich selbst. Es ist so einfach, uns selbst zu belügen, denn wir kennen unsere Schwächen, selbst, wenn wir nicht immer hinsehen. In schwachen Momenten nutzen wir dies gnadenlos gegen uns selbst aus.

Ich möchte immer das Beste geben und lasse nicht zu, dass etwas nur halbherzig von mir erledigt wird. Ich bin mein eigener Kritiker. Ich will immer besser und besser werden. Koste es, was es wolle. Und ich bin da echt ein Arschloch. Dauernde Unzufriedenheit nährte diesen Prozess. Wenn ich scheiterte, hatte ich keine trostspendenden Worte für mich, sondern Worte der Verachtung und der Besserwisserei.

Und nun kam diese wirkliche Verwandlung. Ich lernte, jeden Tag, mich selbst anzunehmen. Dankbar zu sein dafür, was man erreicht hat und positiv in die Zukunft zu sehen.

Jeder Schritt ist wertvoll, wenn es in die richtige Richtung geht. Ja, sogar noch mehr. Selbst Schritte in die falsche Richtung können dabei helfen, wieder die richtige Richtung zu finden. Alles hat einen Sinn.

Ich habe ganz langsam gelernt, mich neu zu spüren. Mit der Zeit bin ganz langsam liebevoller zu mir selbst geworden. Immer habe ich mir gewünscht, dass andere Menschen mich bewundern und mir ihre Liebe schenken. Wie konnte ich so naiv sein zu glauben, dass sie das tun?

Ich habe mich ja nicht mal selbst geliebt. Ich habe gedacht, der Weg, auch körperlich eine Frau zu werden, ist eine große Aufgabe. Doch das ist es ganz und gar nicht. Die Aufgabe ist es, zuzulassen, was dein Herz will. Darum ist es auch ganz egal, was du in deinem Leben erlebt hast. Du kennst die richtige Antwort. Sie ist in deinem Herzen. Du musst nur lernen, deinem Herzen zuzuhören.

Dabei hat mich eine Geschichte sehr inspiriert und ich möchte sie dir hiermit erzählen:

In einer alten Hindulegende wird berichtet, dass früher alle Menschen Götter waren. Die Menschen missbrauchten jedoch ihre göttliche Macht in einer furchtbaren Weise.

Brahma, der Gott der Götter, beschloss den Menschen die göttliche Macht fortzunehmen und an einem für sie unauffindbaren Platz zu verstecken. Das große Problem war, ein geeignetes Versteck zu finden, welches sie niemals aufspüren konnten, egal, wie sehr sie sich auch anstrengten.

Als Brahma die Mitgötter zusammenrief, um dieses große Problem zu lösen, machten sie folgenden Vorschlag:

„Lasst uns die göttliche Kraft des Menschen tief in der Erde verbergen."

Brahma antwortete: „Nein, das ist kein gutes Versteck! Der Mensch wird graben und seine göttliche Macht wiederfinden."

Da machten die Mitgötter einen weiteren Vorschlag:

„Dann lasst sie uns in der tiefsten Tiefe des Ozeans versenken. Es gibt keinen besseren Ort auf dieser Welt."

Brahma antwortete auf diesen Vorschlag:

„Früher oder später wird der Mensch auch die Tiefen aller Ozeane für sich erobern, dann wird er seine göttliche Macht wiederfinden und an die Oberfläche holen. Auch dieses Versteck ist nicht sicher genug für diesen wertvollen Schatz."

Wieder überlegten die Mitgötter, wo denn die göttliche Macht des Menschen sicher verborgen werden könnte. Schließlich schlugen sie dem Brahma vor:

„Wenn die Erde kein sicheres Versteck bereithält, dann lasst sie uns in die entferntesten Entfernungen des Universums verbannen, von dort kann sich der Mensch sie nicht zurückholen."

Brahma antwortete:

„Der Tag wird kommen, an dem die Menschen das All erobern und die göttliche Macht wieder an sich nehmen. Auch das Universum ist als Versteck nicht geeignet."

An diesem Punkt wussten die Götter keinen weiteren Rat mehr:

„Wo können wir sie verstecken? Es gibt weder auf der Erde, in den Meeren noch im ganzen Universum einen Platz, wo der Mensch sie nicht finden wird."

Brahma in seiner unendlichen Weisheit sprach:

„Doch. Es gibt ein sicheres Versteck für die göttliche Macht des Menschen, an dem er unter keinen Umständen suchen wird. Wir verstecken sie in seinem tiefsten Inneren. In ihm selbst. Dort wird er sie niemals vermuten."

Seit dieser Zeit hat der Mensch die Welt erobert, hat sich aufgemacht, das Universum zu entdecken, ist getaucht, geflogen und hat gegraben, um etwas zu suchen, das nur in ihm selbst zu finden ist.

Die Suche im Inneren - das ist das, woran ich ganz fest glaube und wofür ich mich entschieden habe. Dies wünsche ich auch dir, ich wünsche dir, dass du das findest, was dich glücklich macht. Lausche in dich hinein. Lass deinen Gefühlen freien Lauf.

Mächtige Mentoren

Ich wünsche dir eine schöne Reise. Die schönsten Reisen unseres Lebens unternehmen wir jedoch nicht allein. Vielleicht darf ich dich ja ein Stück des Weges begleiten. Das würde mich sehr stolz machen und ich möchte dich einladen, auch mich zu begleiten.

Ich bin stolz darauf, dass ich durch inspirierende Menschen, wie Les Brown und natürlich Tobias Beck, zu mir selbst gefunden habe. Sie haben mir den Mut gegeben, die Frau in mir leben zu lassen. Und noch viel wichtiger, sie haben mir gezeigt, wie ich das freilasse, was in mir steckt. Das hatte ich mein ganzes Leben lang so gut verborgen, dass ich es fast schon vergessen hatte.

Sie haben mir die Werkzeuge beigebracht, die man braucht, um auf der Bühne zu stehen. Beide sind großartig darin. Ich weiß nun haargenau, was ich tun muss, wenn ich mal ein „Black out“ habe. Ich weiß, was ich tun muss, um meine Nervosität in den Griff zu bekommen. Ich habe viele andere Hilfsmittel gelernt, doch das Wichtigste ist etwas komplett anderes ...

Finde heraus, was deine Überzeugungen und Werte sind und handle danach. Trag dein Inneres nach außen und gib dich nicht als jemand, der du nicht bist. Selbst, wenn dies deine verletzlichen Seiten zeigt.

Wie du vielleicht bemerkt hast, bin ich sehr gut darin, etwas „darzustellen". Das sind viele von uns. In unserem Leben haben viele von uns gelernt etwas zu leben, was nicht unseren ureigensten Überzeugungen entspricht. Ich selbst hatte über 40 Jahre Zeit, zu üben.

Les Brown - mein Mentor

Als ich zum ersten Mal etwas von Les Brown auf You Tube gesehen habe, war es sofort um mich geschehen. Dieser Mann ist Liebe. Er ist so dankbar für das, was ihm im Leben geschenkt wurde. Er ist in meinen Augen der großartigste Sprecher auf diesem Planeten.

Ich musste ihn kennenlernen. Koste es, was es wollte.

So beschloss ich zu einem Seminar nach San Antonio in Texas zu fliegen. Aber das hatte ich dir ja schon ganz am Anfang erzählt. Was ich noch nicht erzählt habe, ist, dass ich mich intensiv auf dieses Treffen vorbereitet hatte. Ich wollte ihn einfach von mir begeistern.

Eines meiner Lieblingszitate von Les Brown ist folgendes: „It´s better to be prepared and have no opportunity than to have one and not be prepared."

Also hatte ich mir zurechtgelegt, was ich sagen würde, wenn ich die total unwahrscheinliche Möglichkeit hätte, mit ihm auf der Bühne zu stehen. Ich wollte einfach perfekt performen.

Es sollte ihn aus den Socken hauen. Das Schicksal gab mir, aufgrund des Hurricanes, die Möglichkeit, ihm näher zu kommen als ich es mir jemals erträumt hatte. Konnte ich das vortragen, was ich so liebevoll und zeitintensiv vorbereitet hatte? Natürlich nicht.

Auf diese Aufgabe konnte ich gar nicht vorbereitet sein. Ich sollte rappen. Ich kann schon nicht singen und rappen schon mal gar nicht. Ich würde mich doch nur lächerlich machen auf der Bühne. Mein Idol würde mir also dabei zusehen, wie ich versage. Das war die wirkliche Krise.

Trotz aller negativer Vorzeichen, schaffte ich es und ich konnte Les Braun mit meiner rhythmischen Wortakrobatik erreichen. Wie ich das machte? Ich rappte einfach darüber, wie ich mich in dem Moment fühlte und ließ mich auf den Prozess ein.

Ich sagte, dass ich es liebe, auf der Bühne zu stehen und zu sprechen. Ich sprach davon, wie wichtig es ist, dass wir Menschen miteinander sprechen, weil wir genau das verlernt haben.

Ich fühlte und meinte jedes Wort so, wie ich es rappte.

Ich wollte diesen Moment festhalten und fragte seine Assistentin, ob sie ein Foto von uns machen könnte.

Ich glaube, man kann erkennen, wie glücklich in diesem Moment bin. Doch es kam sogar noch besser.

Er sagte in dem Moment zu mir: „Monika, wir müssen uns unterhalten. Lass uns gleich zum Essen gehen."

Ich konnte es im ersten Moment gar nicht fassen. Ich dachte, ich hätte ihn falsch verstanden. Weshalb sollte er mit mir essen gehen wollen?

Aber irgendetwas hat mich dann doch noch an der Tür warten lassen. Und zu meiner vollkommenen Verwunderung tauchte er dann auf und wir gingen gemeinsam essen.

Mit seinen ersten Fragen kam Les Brown sofort zur Sache: „Liebe Monika, was ist dein „Warum"? Weshalb liebst du es, auf Bühnen zu stehen und zu Menschen zu sprechen?".

Meine Antwort war, dass ich die Energie liebe, welche sich im Kontakt mit anderen ergibt.

Seine nächste Frage war schon schwieriger zu beantworten: „Was gibst du anderen Menschen?". An diesem Punkt war ich kurz sprachlos. Ich kann doch nicht vor so einem erfolgreichen Mann sagen, dass ich andere Menschen inspiriere. Was würde er nur von mir denken? Ich zögerte. Er fragte weiter: „Was ist dein Warum? Weshalb möchtest du deine Geschichte teilen?"

Meine Antwort, nach einigem Zögern und Zaudern: „I want to give people hope to find the power within themselves to break out".

Ich möchte den Menschen die Hoffnung geben, dass sie die Kraft in sich finden, um sich zu befreien.

Dieser Satz fühlt sich noch immer so richtig an. Ich war so lange in einer künstlichen Hülle gefangen und konnte nicht das Leben leben, welches ich mir ersehnte. Ich möchte Menschen, die sich ein Korsett angelegt haben, ein Beispiel sein und ihnen Hoffnung geben, dass sie die Kraft in sich selbst haben, ihr eigenes Leben zu führen.

Les' Augen strahlten und er sagte sofort: „Das ist großartig. Ich möchte dir dabei helfen, daraus eine weltweite Bewegung zu machen. Ich möchte mir dir arbeiten, weil ich eine besondere Form der Verbindung wahrnehme."

Es war nicht wichtig, was ich sagte. Es war wichtig, dass ich meine Maske abgenommen hatte, wie Tobias Beck es sagen würde. Ich sprach aus, was in meinem Herzen war und nicht in meinem Kopf.

Ich möchte Menschen Hoffnung geben. Ich bin mehr als bereit dazu, dies zu tun. Manchmal ist der Blick von außen auf unser Leben durchaus wertvoll, wie ich durch meine Mentoren feststellen durfte. Sie decken die blinden Flecken auf, über die wir so gerne hinwegsehen, welche jedoch unweigerlich mit unserer Weiterentwicklung verknüpft sind.

Ich helfe dir mit meiner gesamten Erfahrung dabei, diese Flecken aufzudecken und nutzbar für dich zu machen. Wir erschaffen daraus Ressourcen, die dich bei deinen Kämpfen unterstützen und nicht mehr gegen dich arbeiten.

Darauf freue ich mich sehr. Wir hören uns.

Deine Monika Sieberichs.
München im Juni 2018

Dankesworte

Ich wandele schon einige Jahre auf der Erde und ich müsste mich bei unendlich vielen Menschen bedanken. Leider geht dies in Buchform nicht. Deshalb ein kleiner Auszug der wichtigsten Personen, die mich inspiriert und mir geholfen haben, das vorliegende Werk zu verfassen.

Das Buch, über welches ich so lange nachgedacht habe, ist tatsächlich fertig geworden. Irgendwie kann ich es gar nicht glauben. Es war eine Achterbahn der Gefühle, dieser Schreibprozess. Ich kann es jedem nur empfehlen. Du veränderst dich dadurch, du reflektierst dich selbst auf einer ganz anderen Ebene.

Gib dem Zweifler in dir keine Chance!

In der Grundschule, als ich meine erste Geschichte schreiben sollte, schrieb ich nach den Erzählungen meiner Mutter eine Geschichte über mein Meerschweinchen Pünktchen. Ich schrieb gleich mehrere Seiten sehr bildhaft und emotional über meine Erlebnisse. Sollte ich etwa ein Talent dafür haben? Das Schulsystem sagte: „Nein“. Denn als ich den Aufsatz retour bekam, war er tiefrot mit Markierungen zugekleistert.

Man stellte bei mir eine ausgeprägte Legasthenie fest. Durch diese Negativerfahrung mit dem Aufsatz, den ich persönlich ja gut fand, setzte sich die Negativspirale fort. Fortan benutzte ich nur mehr Worte, bei denen ich mir sicher war, dass sie richtig sind. Leider blieben da nicht viele übrig. Gefördert wurde meine Leidenschaft des Schreibens nicht, schließlich schien Hopfen und Malz verloren bei mir.

Selbst heute spreche ich lieber als ich schreibe. Umso erstaunlicher ist es, dass ich dieses Buch fertiggebracht habe. Ich habe das natürlich nicht ohne Hilfe geschafft und darum möchte ich mich an dieser Stelle bei einigen Menschen bedanken.

Als erstes bei Hannes Keller, er ist der Erfinder der Autorkorrektur.

Besonderer Dank geht an meinen Buch-Coach und Verleger Michael Jagersbacher. Keine Ahnung, wo du all die Geduld herhattest, mich bei dem Projekt von Tag 1 an zu unterstützen und mit wertvollen Ratschlägen an meiner Seite zu stehen.

Natürlich geht mein Dank auch an alle Beteiligten der Mutmacher-Media, die vom ersten Tag an mich und den Erfolg des Buches geglaubt haben.

Ich bedanke mich ebenfalls bei meinen Mentoren. Bei Les und John Leslie Brown für den Impuls, ein Buch zu schreiben.

Ganz besonders aber bei Tobias Beck, der mir in seiner unmissverständlichen und liebevollen Art klar gemacht hat, dass es meine verflixte Aufgabe ist, meine Geschichte zu erzählen. Ein „Danke“ geht auch an meine „OTS Gang“, die ihn so sehr dabei unterstützt hat und mich letztendlich dazu gebracht hat, es auch wirklich zu tun.

Danke auch an meine Mutter, die mich nicht nur mit all ihrer Liebe beglückt, sondern auch dieses Buch mit all ihren Möglichkeiten unterstützt hat.

Ich liebe dich so sehr. Du warst immer mein größter Fan.

Die wichtigste Person, bei der ich mich bedanken möchte, bist jedoch du, weil du dir die Zeit genommen hast, mein Buch zu lesen. Und da du an der letzten Seite angekommen bist, wünsch ich mir von Herzen, dass es dir weitergeholfen hat. Ich würde dich so gerne persönlich kennen lernen, vielleicht auf einem meiner Seminare.

Gerne würde ich dir dabei helfen, deinem Leben einen neuen Anstrich zu geben. Denke daran: Du bist großartig und lasse dir durch nichts und niemanden etwas anderes einreden.

Alles Liebe von mir, deine Mo.

Inhaltsverzeichnis

1 https://www.youtube.com/watch?v=v-Le-gAgRq2o

2 http://www.spiegel.de/gesundheit/diagnose/maennergrippe-leiden-maenner-mit-schnupfen-mehr-als-frauen-a-1177680.html

3 https://www.berliner-zeitung.de/britische-pop-gruppe-bestaetigt-geruechte-ueber-aufloesung---bestuerzung-bei-den-fans-take-that---es-ist-leider-wahr--17576480)

4 http://www.abendzeitung-muenchen.de/inhalt.panorama-selbstmord-welle-nach-jackos-tod.29439abe-0864-4ad8-ba74-98312bcdaaee.html

5 https://www.youtube.com/watch?v=64A_AJjj8M4&t=163s

6 https://www.youtube.com/watch?v=NNCW-VulGM7M

7 Schechner, Johanna/Zürner Heidemarie (2016): Krisen bewältigen: Viktor E. Frankls 10 Thesen in der Praxis. Braumüller Verlag, S. 16.

8 http://www.ausgezeichnet-ev.de/dokumentation/

9 Schechner, Johanna/Zürner Heidemarie (2016): Krisen bewältigen: Viktor E. Frankls 10 Thesen in der Praxis. Braumüller Verlag, S. 21.

10 https://www.youtube.com/watch?v=XzvUDOpc6xI

11 http://www.michael-jagersbacher.at/unschlagbar-sympathisch-werden/

12 https://kurier.at/kultur/fruehstueck-mit-barbara-pachl-eberhart/713.811

13 https://kurier.at/kultur/fruehstueck-mit-barbara-pachl-eberhart/713.811

14 http://www.barbara-pachl-eberhart.at/ueber-mich/biografie/barbara-pachl-eberhart/1

15 https://www.capital.de/wirtschaft-politik/frank-thelen-ueber-seine-erste-million

16 https://www.capital.de/wirtschaft-politik/frank-thelen-ueber-seine-erste-million

17 https://www.impulse.de/management/unternehmensfuehrung/frank-thelen/3543302.html

18 https://www.impulse.de/management/unternehmensfuehrung/frank-thelen/3543302.html

19 http://www.huffingtonpost.de/2014/03/28/laufen-gesund_n_5050121.html

20 Pieper, Georg (2014): Wenn unsere Welt aus den Fugen gerät: Wie wir persönliche Krisen bewältigen und überwinden. btb Verlag, S. 50.

21 Pieper, Georg (2014): Wenn unsere Welt aus den Fugen gerät: Wie wir persönliche Krisen bewältigen und überwinden. btb Verlag, S. 52

22 http://psycnet.apa.org/record/2009-13203-011

24 http://www.zeit.de/wissen/gesundheit/2017-10/optimismus-pessimismus-lebenseinstellung-psychologie-gesundheit/seite-2

25 http://psycnet.apa.org/record/2000-13324-010

26 vgl. Biddulph, Steve (2001): Das Geheimnis glücklicher Kinder. Heyne Verlag.

27 https://www.spektrum.de/news/selbstkontrolle-kann-man-lernen/1370046

Kurzvita

Hermann Scherer bezeichnet Monika Sieberichs als Nr. 1 Expertin für Krisengestaltung. Sie arbeitete bereits mit den besten Speakern in den USA und Europa. Mit den internationalen Top-Speakern Les Brown und Tobias Beck teilte sie sich bereits die Bühne.

In Zeiten von zunehmender Dynamik und Wandel in allen Bereichen unseres Lebens nimmt das „Krisenhafte" in unserer Gesellschaft zu. Der produktive Umgang mit solchen Ereignissen liegt Monika Sieberichs am Herzen und im Blut. Ihre eigene Lebensgeschichte ist gespickt mit Höhen und Tiefen, sowohl privat als auch beruflich. Ihr erfolgreicher Umgang mit Tiefschlägen hat sie dazu veranlasst, ihr Wissen festzuhalten und mit Hilfe von modernen, wissenschaftlichen Ansätzen, weiterzuentwickeln.

Durch Ihr Studium zur psychologischen Beraterin und der Ausbildung auf der renommierten Beck University, die sie mit Auszeichnung abschloss, ist Monika Sieberichs heute als zertifizierter Resilienz-Coach dabei behilflich, die Teilnehmer ihrer Workshops und Seminare wieder zur inneren Stärke finden zu lassen. Dazu entwickelte sie spezielle, von der Praxis inspirierten, Coaching- und Trainingsformate, die die Fähigkeit zu Krisengestaltung nachhaltig verankern. Mit ihren Veranstaltungen setzt sie neue Standards in der Persönlichkeitsentwicklung.

Wie ihre Persönlichkeit auch, sind ihre Coachings und Trainings geprägt von Unkonventionalität und Spontaneität. So ist ihr Zugang zum Thema Krisengestaltung ein sehr individueller. Um ihren Klienten den größtmöglichen Nutzen zu bieten, hat sie ein eigenes Modell für eine effektive Krisengestaltung entworfen, welches nachweislich Erfolge erzielt.

Monika Sieberichs ist dann die richtige Ansprechpartnerin für dich, wenn du liebgewonnene Denkpfade verlassen und auf Krisen wirklich vorbereitet sein willst.

Du kannst unter www.mo-tivation.com einen wissenschaftlich fundierten Krisengestaltungstest durchführen, der dir zeigt, wie gut du schon mit Krisen umgehen kannst und wo du dich noch weiterentwickeln darfst.